今泉久美 ●いまいずみ くみ
料理研究家、栄養士。テレビ、雑誌、料理本、料理講習会などで活躍するかたわら、料理教室「KUMIクッキングスタジオ」を主宰。手軽で簡単、健康を考えた、あたたかみのある家庭料理が大人気。本書では、毎日の食事作りに役立つ、すぐに作れるレシピを150品紹介。著書に「冷凍保存&使いきり㊙ワザ」(共著・主婦の友社)など多数。

Staff

アートディレクション　大薮胤美(フレーズ)
表紙デザイン　大薮胤美(フレーズ)
本文デザイン　原　玲子(フレーズ)
撮影　梅澤　仁
　　　山田洋二(主婦の友社写真室)
スタイリスト　井上輝美(下記以外)
スタイリング協力　五来利恵子
　　　　(パート2の一部、32～33ページ、
　　　　44ページ、52～53ページ)
　　　　宮澤由香(45ページ)
熱量計算　伏島京子
構成・編集　園田聖絵、佐藤トモエ(FOODS FREAKS)
進行アシスタント　長島牧子
編集デスク　安藤有公子(主婦の友社)

©主婦の友社2007
㊡本書の全部または一部を無断で複写(コピー)することは、著作権法上での例外を除き、禁じられています。本書からの複写を希望する場合は、日本複写権センター(☎03-3401-2382)にご連絡ください。

■乱丁本、落丁本はおとりかえします。お買い求めの書店か、資材刊行課(☎03-5280-7590)にご連絡ください。
■記事内容に関するお問い合わせは、出版部(☎03-5280-7537)まで。
■主婦の友発行の書籍・ムックのご注文は、お近くの書店か、主婦の友コールセンター(☎049-259-1236)まで。
■主婦の友ホームページ
http://www.shufunotomo.co.jp/

Daily Recipe 149

キャベツと玉ねぎの塩こんぶいため

1人分 **63**kcal　調理時間 **10**分

塩こんぶのうまみが、野菜のおいしさをアップ。

材料（4人分）
- キャベツ……………¼個（300g）
- 玉ねぎ………………½個
- 塩こんぶ（市販品）……大さじ2
- サラダ油……………大さじ1.5
- 調味用
  - ［塩……………………少々
  - ［酒……………………大さじ1

1 キャベツは芯を切り分け、葉は5cm長さ、3cm幅に切る。芯は縦薄切りにする。玉ねぎは縦薄切りにする。

2 フライパンにサラダ油を中火で熱し、玉ねぎを入れていためる。しんなりとしたら、キャベツの芯を加えて30秒ほどいため合わせる。強火にし、キャベツの葉を2回に分けて加え、いためる。

3 全体に油が回ったら、塩こんぶ、調味用の材料を加え、手早くまぜる。

Daily Recipe 150

ザーサイと白菜のスープ

1人分 **63**kcal　調理時間 **10**分

コクのあるザーサイの塩けで、だしいらず。

材料（4人分）
- ザーサイ（ビン詰め）……40g
- 白菜……………………大2枚（200g）
- ハム……………………2枚
- ごま油…………………大さじ1
- 調味用
  - ［薄口しょうゆ、酒…………各大さじ1
  - ［こしょう……………少々

1 白菜は縦半分に切り、横5mm幅に切る。ザーサイは汁けをきり、5mm幅に切る。ハムは半分に切り、5mm幅に切る。

2 なべにごま油を中火で熱し、白菜の芯を入れていためる。しんなりとしたら、白菜の葉、ザーサイ、ハムを加え、さっといため合わせて水3カップを加える。

3 煮立ったら、弱火にしてアクをとり、ふたをして2～3分煮る。調味用の材料を加えてまぜ、ひと煮する。

うまみ素材を使って、味つけラクチンワザ

Daily Recipe 146
いかの塩こんぶあえ

1人分 **47**kcal　調理時間 **1**分

ホントにまぜるだけ！ おつまみにもぴったり。

材料（4人分）
いか（刺し身用・細切り）… 200g
塩こんぶ（市販品）…… 大さじ2
レモン汁 ……………………… 少々

ボウルにいか、塩こんぶを入れてよくあえ、器に盛ってレモン汁を振る。

Daily Recipe 147
たたききゅうりの梅おかかあえ

1人分 **17**kcal　調理時間 **5**分

梅干しの酸味とおかかの風味は相性抜群。

材料（4人分）
きゅうり ……………………… 3本
青じそ ………………………… 5枚
梅干し（種をとってこまかく
　　たたいたもの）… 小さじ2〜4
削り節 ………………………… 5g

1 きゅうりはすりこ木などでたたいてひびを入れ、一口大にほぐす。青じそは重ねて縦方向に丸め、キッチンばさみで3mm幅に切る。
2 ボウルに1、梅肉を入れてよくあえ、器に盛って削り節を振る。

Daily Recipe 148
トマトのザーサイあえ

1人分 **35**kcal　調理時間 **5**分

いつものトマトサラダを中華風に大変身！

材料（4人分）
トマト ………………………… 2個
ザーサイ（ビン詰め）……… 30g
調味用
　「ごま油 …………… 大さじ½
　　砂糖、塩、あらびき黒こしょう
　　………………………… 各少々

1 トマトは縦半分に切ってへたをとり、2〜3cm幅のくし形に切って、斜め半分に切る。ザーサイは汁けをきり、細切りにする。
2 ボウルに調味用の材料を入れてまぜ、1を加えてあえる。

Daily Recipe 143

鶏肉とじゃがいものキムチいため

1人分 226kcal　調理時間 10分

キムチの辛みと酸味で、グッと味わい深く。

材料（4人分）
- 鶏もも肉　1枚（250g）
- じゃがいも　2個
- 白菜キムチ　100g
- 塩　少々
- オリーブ油　大さじ1
- 調味用
  - 酒、しょうゆ　各大さじ1
  - 砂糖　小さじ1

1　じゃがいもは皮をむいて5mm角の棒状に切り、水に5分ほどさらして水けをきる。キムチは軽く汁けをきり、2cm幅に切る。鶏肉は縦半分に切って1cm幅に切り、塩を振る。

2　フライパンにオリーブ油を中火で熱し、鶏肉を入れていためる。じゃがいもを加えて2分ほどいため合わせ、キムチ、調味用の材料を加えて手早くまぜる。

Daily Recipe 144

くずしどうふのキムチのせ

1人分 93kcal　調理時間 5分

キムチを切ってのせるだけ。ごま油でコクをプラス。

材料（4人分）
- 木綿どうふ　1丁（300g）
- 白菜キムチ　60g
- いり白ごま　少々
- ごま油　大さじ1

1　キムチは軽く汁けをきり、1cm四方に切る。

2　とうふは水けをきり、スプーンで一口大ほどをすくって器に盛り、1をのせる。ごまを振り、ごま油を回しかける。

Daily Recipe 145

桜えびと玉ねぎの塩いため

1人分 90kcal　調理時間 5分

桜えびのうまみが、玉ねぎの甘みをアップ。

材料（4人分）
- 桜えび（乾）　10g
- 玉ねぎ　2個
- サラダ油　大さじ1.5
- 酒　大さじ1.5
- 塩　小さじ1/3
- こしょう　少々

1　玉ねぎは、1.5cm幅のくし形に切る。

2　フライパンにサラダ油を中火で熱し、玉ねぎを入れていためる。少ししんなりとしたら、桜えびを加えてさっといため合わせ、酒、塩、こしょうを加えて、手早くまぜる。

うまみ素材を使って、味つけラクチンワザ

桜えびやキムチ、梅干しなどの「うまみたっぷり」の素材をフル活用したレシピです。料理に少量加えるだけで、グンと奥深い味に仕上がります。

Daily Recipe 141
かじきの梅みそマヨ焼き

1人分 **220**kcal　調理時間 **20**分

梅＋みそ＋マヨの合わせワザ！

材料（4人分）
- かじき（切り身）……4切れ（400g）
- かぶ……小3個
- かぶの葉……少々
- 塩……適量
- 酒……大さじ1
- 梅みそダレ
  - 梅干し（種をとってこまかくたたいたもの）……小さじ1～2
  - みそ……小さじ1
  - マヨネーズ……大さじ3

1　かじきは塩小さじ½弱を振って10分ほどおき、汁けをふいて酒をからめる。
2　かぶは皮をむいて薄い輪切りにする。かぶの葉は5mm幅に切る。ボウルに合わせて入れ、塩少々を振ってもみ、5分ほどおく。しんなりとしたら、水けをしぼる。
3　ボウルに梅みそダレの材料を入れ、よくまぜる。
4　ガス台のグリルを中火で熱し、1をのせて4分、裏返して3～4分焼く。表面に3を塗り、さらに1分ほど焼いて器に盛り、2を添える。

Daily Recipe 142
桜えび、長ねぎ、卵のチャーハン

1人分 **364**kcal　調理時間 **10**分

桜えびの風味を生かして、シンプルな味に。

材料（4人分）
- あたたかいごはん……4人分（600g）
- 桜えび（乾）……10g
- 卵……2個
- 長ねぎ……1本
- 酒……大さじ1
- サラダ油……大さじ2
- 塩……小さじ⅔
- しょうゆ……小さじ1
- あらびき黒こしょう……少々

1　長ねぎはみじん切りにする。ボウルにごはんを入れ、酒を振って切るようにまぜる。別のボウルに卵をときほぐし、長ねぎの⅔量を加えてまぜる。
2　フライパンにサラダ油を強火で熱し、卵液を流して大きくまぜる。ごはんを加え、中火にしてためまぜる。
3　桜えび、残りの長ねぎを加えてさっといため、塩、しょうゆを加えて手早くまぜる。器に盛り、あらびき黒こしょうを振る。

Daily Recipe 139

豚バラともやしのポン酢いため

1人分 **235**kcal　調理時間 **5**分

ポン酢の意外な活用法。ほどよい酸味があとを引く！

材料（4人分）
- 豚バラ薄切り肉 ……… 200g
- もやし ……………… 1袋
- ごま油 …………… 大さじ1
- 塩 ……………… 小さじ1/3
- ポン酢しょうゆ（市販品）
  　………………… 大さじ2〜3
- 粉ざんしょう ………… 少々

1 豚肉はキッチンばさみで4〜5cm長さに切る。
2 フライパンにごま油を中火で熱し、**1**を入れてさっといため、塩を振る。強火にし、もやしを加えて1分ほどいため合わせ、ポン酢しょうゆを加えてまぜる。器に盛り、粉ざんしょうを振る。

Daily Recipe 140

きのこのめんつゆ煮

1人分 **59**kcal　調理時間 **10**分

めんつゆの甘みが、きのこの風味を引き立てます。

材料（4人分）
- 生しいたけ、しめじ、
  　えのきだけ …… 各正味100g
- 赤とうがらし ………… 1本
- サラダ油 …………… 大さじ1
- 調味用
  - めんつゆ（市販品・3倍濃縮）
    　……………… 大さじ3
  - 酒、水 ………… 各大さじ1
- 塩 ……………………… 少々

1 しいたけは軸を落とし、8mm幅に切る。軸は石づきを落とし、手で裂く。しめじは石づきを落とし、ほぐす。えのきだけは根元を落とし、長さを半分に切る。
2 なべにサラダ油を中火で熱し、**1**、赤とうがらしを入れていためる。調味用の材料を加えてまぜ、煮立ったら弱火にしてふたをし、2分ほど煮る。
3 ふたをとって中火にし、汁けが半量ほどになるまで煮る。塩を加えて味をととのえる。

市販のタレをフル活用ワザ

ポン酢しょうゆ、めんつゆ、焼き肉のタレを使った、らくらくレシピ。これなら、「味つけが苦手」という人も、失敗なく作れます！

Daily Recipe 136

こんにゃくとにんじんのめんつゆ煮

1人分 **65**kcal　調理時間 **10**分

めんつゆさえあれば、本格煮物も即でき！

材料（4人分）
- こんにゃく………1枚(250g)
- にんじん……………………1本
- ごま油……………………大さじ1
- めんつゆ（市販品・3倍濃縮）
　……………………………大さじ3
- 酒…………………………大さじ1
- 塩……………………………少々
- 七味とうがらし……………少々

1 こんにゃくは食べやすい大きさにちぎってなべに入れ、かぶるくらいの水を加えて強火にかける。沸騰したらざるに上げ、水けをきる。にんじんは皮をむき、一口大の乱切りにする。

2 なべにごま油を中火で熱し、1を入れていためる。全体に油が回ったら、めんつゆ、酒を加えて煮立て、弱火にしてふたをし、2分ほど煮る。

3 ふたをとって中火にし、汁けがほぼなくなるまで煮る。塩を加えて味をととのえ、器に盛って七味とうがらしを振る。

Daily Recipe 137

ツナと水菜のポン酢マヨあえ

1人分 **189**kcal　調理時間 **5**分

ポン酢にマヨを加えてさっぱり、こってり。

材料（4人分）
- ツナ缶……………大1缶(165g)
- 水菜………………1束(200g)
- 調味用
  - ポン酢しょうゆ（市販品）
  　……………………………大さじ2
  - マヨネーズ………………大さじ3
  - あらびき黒こしょう………少々

1 水菜はキッチンばさみで4cm長さに切り、冷水に5分ほどさらして水をふく。ツナは缶汁をきり、あらくほぐす。

2 ボウルに調味用の材料を入れてまぜ、1を加えてよくあえる。

Daily Recipe 138

大豆と牛ひき肉の焼き肉のタレ煮

1人分 **185**kcal　調理時間 **10**分

韓国風のチリコンカン。ごはんにのせて食べても。

材料（4人分）
- 大豆缶（ドライパック）
　………………………1缶(100g)
- 牛ひき肉（あれば赤身）…200g
- 長ねぎ………………………1本
- 調味用
  - 焼き肉のタレ（市販品）
  　……………………………大さじ4
  - 酒…………………………大さじ1
  - 水…………………………大さじ3
  - あらびき黒こしょう………少々

1 長ねぎは縦四つ割りにし、8mm幅に切る。

2 フッ素樹脂加工のフライパンを中火で熱し、ひき肉を入れていためる。余分な脂をキッチンペーパーでふき、大豆、長ねぎを加えていため合わせる。

3 調味用の材料を加え、ときどきまぜながら、5分ほど煮る。

Daily Recipe 133

大根とにんじんのサラダ

1人分 **54**kcal　調理時間 **15**分

ピーラーを使えば、薄切りも早い！

材料（4人分）
- 大根･･････････ 10cm（300g）
- にんじん･･････････ 小1本
- 塩･･････････ 小さじ1強
- ドレッシング
  - 酢、サラダ油･･････ 各大さじ1
  - 砂糖･･････････ 小さじ1
  - 塩、こしょう･･････ 各少々

1 大根とにんじんは皮をむき、ピーラーで縦に細長い薄切りにする。合わせてボウルに入れて塩を振り、軽くもんで10分ほどおく。しんなりとしたら、さっと水洗いをし、水けをしぼる。

2 ボウルにドレッシングの材料を入れてまぜ、**1**を加えてあえる。

Daily Recipe 134

ちぎりレタスと青じそのサラダ

1人分 **41**kcal　調理時間 **10**分

ちぎったレタスは、ドレッシングもからみやすい！

材料（4人分）
- レタス･･････････ 2/3個（200g）
- 青じそ･･････････ 5枚
- 焼きのり（全形）･･････ 1枚
- ドレッシング
  - ごま油･･････････ 大さじ1
  - しょうゆ、酢･･････ 各小さじ2
  - こしょう･･････････ 少々

1 レタスと青じそは食べやすい大きさにちぎり、合わせて冷水に5分ほどさらす。水けをふいて器に盛り、のりをあらくちぎって散らす。

2 ボウルにドレッシングの材料を入れてまぜ、**1**にかける。

Daily Recipe 135

エリンギとベーコンのにんにくいため

1人分 **104**kcal　調理時間 **10**分

エリンギは手で裂くと、独特の歯ごたえに。

材料（4人分）
- ベーコン･･････････ 4枚
- エリンギ･･････ 2パック（200g）
- クレソン･･････････ 1束（50g）
- にんにく･･････････ 1かけ
- オリーブ油･･････････ 大さじ1
- 塩、あらびき黒こしょう
  ････････････････ 各少々

1 エリンギは縦4〜6等分に裂く。クレソンはキッチンばさみで4cm長さに切る。にんにくはキッチンばさみで縦3〜4等分に切る。ベーコンはキッチンばさみで2cm長さに切る。

2 フライパンにオリーブ油、にんにくを入れ、弱火にかける。香りが立ったら中火にし、ベーコンを加えて両面をカリッと焼き、エリンギを加えていため合わせる。

3 塩、あらびき黒こしょうを振ってまぜ、クレソンを加えてさっとまぜる。

包丁いらずワザ

手でちぎったり、キッチンばさみだけで作れるレシピです。
これは目からうろこのスーパーテクニック。
ぶきっちょさんでもらくらく！

Daily Recipe 131

厚揚げとキャベツのみそいため

1人分 **186**kcal　調理時間 **5**分

厚揚げもキャベツも、手でちぎればOK！

材料（4人分）
厚揚げ……………… 1枚（250g）
キャベツ…………… 1/4個（300g）
オリーブ油………… 大さじ1.5
調味用
⎡ みそ、みりん…… 各大さじ2
塩、こしょう………… 各少々

1 厚揚げはキッチンペーパーで包み、余分な油をふきとって一口大にちぎる。キャベツは葉をはがし、芯と葉の部分に分けながら、食べやすい大きさにちぎる。
2 フライパンにオリーブ油を中火で熱し、厚揚げ、キャベツの芯の部分を入れていためる。全体に油が回ったら強火にし、キャベツの葉を加えてさっといためる。
3 調味用の材料をよくまぜてから加え、手早くからめる。塩、こしょうを振って器に盛る。

Daily Recipe 132

たたき長いもの
のりのつくだ煮あえ

1人分 **52**kcal　調理時間 **5**分

長いもをポリ袋に入れてたたけば、準備完了。

材料（4人分）
長いも…… 15cm（300〜350g）
のりのつくだ煮（市販品）
…………………… 大さじ2
おろしわさび………… 少々

1 長いもは皮をむいてポリ袋に入れ、すりこ木などでたたいて、食べやすい大きさにくずす。
2 ボウルに1、のりのつくだ煮を入れてあえ、器に盛ってわさびを添える。

Daily Recipe **129**

切り干し大根の甘酢あえ

1人分 **33**kcal　調理時間 **10**分

もう一品というときや、箸休めにぴったり。

材料（4人分）
切り干し大根（乾）……… 30g
甘酢
┌ しょうがのせん切り
│ ……………… 1かけ分
│ 赤とうがらしの小口切り
│ ………………… 少々
│ 酢 ………… 大さじ2〜3
└ 砂糖、水 ……… 各大さじ1

1 切り干し大根は水洗いをし、水けをきる。耐熱のボウルに入れて水1カップを加え、ラップをかけずに電子レンジで2分加熱する。そのまま5分ほどおいて水けをしぼり、食べやすい長さに切る。
2 ボウルに甘酢の材料を入れてよくまぜ、**1**を加えてあえる。

Daily Recipe **130**

ひじきとピーマンのレンジ煮

1人分 **53**kcal　調理時間 **15**分

ヘルシーな常備菜作りも電子レンジにおまかせ！

材料（4人分）
長ひじき（乾）……………… 20g
ピーマン ………………… 4個
調味用
┌ 酒、ごま油 …… 各大さじ1
│ みりん、しょうゆ
│ ……………… 各大さじ½
│ 水 …………… 大さじ2
└ 塩、あらびき黒こしょう
　　　　　　　　　　各少々

1 ひじきは水洗いをし、水けをきる。耐熱のボウルに入れて水1カップを加え、ラップをかけずに電子レンジで2分加熱する。そのまま5分ほどおき、ざるに上げて水けをきる。長いものは、食べやすい大きさに切る。
2 ピーマンは縦半分に切って、へたと種をとり、さらに縦半分に切る。
3 耐熱皿に**1**を入れ、**2**をのせて調味用の材料を加える。ラップをふんわりとかけて電子レンジで5分加熱し、全体をよくまぜる。

電子レンジワザ

Daily Recipe 126

じゃがいもの塩辛オリーブ油かけ

1人分 **148**kcal　調理時間 **15**分

塩辛とオリーブ油が絶妙。ビールのおつまみにも。

材料（4人分）
じゃがいも……4個（約500g）
いかの塩辛（市販品）…小さじ4
万能ねぎの小口切り……適量
オリーブ油…………小さじ4
あらびき黒こしょう……少々

1　じゃがいもは皮つきのまま水洗いをし、耐熱皿にのせてラップをふんわりとかけ、電子レンジで12〜14分加熱する。
2　1を半分に切って器に盛り、いかの塩辛をのせる。オリーブ油、あらびき黒こしょうを振り、万能ねぎを散らす。

Daily Recipe 127

じゃがいもの明太マヨかけ

1人分 **155**kcal　調理時間 **15**分

明太子＋マヨネーズは子どもにも大人気。

材料（4人分）
じゃがいも……4個（約500g）
明太子（薄皮をむいて中身を出したもの）…………大さじ2
レモン汁……………小さじ1
マヨネーズ…………大さじ2

1　じゃがいもは皮つきのまま水洗いをし、耐熱皿にのせてラップをふんわりとかけ、電子レンジで12〜14分加熱する。
2　1を縦半分に切って横半分に切り、器に盛る。
3　ボウルに明太子、レモン汁、マヨネーズを入れてよくまぜ、2にかける。

Daily Recipe 128

セロリとにんじんのレンジピクルス

1人分 **36**kcal　調理時間 **5**分　＊冷ます時間は除く。

残った野菜をチンしておけば、いつでも楽しめます。

材料（4人分）
セロリの茎……大1本（150g）
にんじん………………1本
つけ汁
　酢、水………各½カップ
　砂糖…………大さじ1
　塩……………小さじ¾

1　セロリは筋をとり除き、横7mm幅に切る。にんじんは皮をむき、7mm厚さの輪切りにする。
2　耐熱のボウルにつけ汁の材料を入れてまぜ、1を加えてさっとまぜ合わせる。ラップをふんわりとかけて電子レンジで3分加熱し、よく冷ます。

Daily Recipe 123
大根の葉と粉チーズのふりかけ

1人分 **83**kcal　調理時間 **10**分

カルシウム満点のうれしいふりかけ。

材料（4人分）
大根の葉……………………30g
粉チーズ……………………40g
いり白ごま………………大さじ2
調味用
［しょうゆ………………大さじ1
　みりん…………………小さじ1

1 大根の葉は小口切りにする。キッチンペーパーを敷いた耐熱皿に広げ、ラップをかけずに電子レンジで1分加熱する。全体をまぜて再び広げ、同様に1分加熱する。もう一度まぜて広げ、さらに30秒〜1分加熱して冷ます。
2 オーブン用クッキングシートを敷いた耐熱皿に粉チーズをのせて広げ、ラップをかけずに電子レンジで2分加熱する。冷ましてこまかくほぐす。
3 耐熱皿に**1**、ごま、調味用の材料を入れてまぜ、ラップをかけずに電子レンジで1分加熱する。**2**を加えてまぜる。
● 冷蔵庫で1週間ほどもつ。

Daily Recipe 124
肉みそそぼろ

1人分 **151**kcal　調理時間 **10**分　*カロリーには、とうふの分も含まれる。

ごはんにのせたり、野菜にかけて食べても。

材料（4人分・肉みそは作りやすい分量）
肉みそ
［豚ひき肉…………………200g
　おろししょうが…………1かけ分
　みそ……………………大さじ3
　砂糖、酒……………各大さじ2
絹ごしどうふ……………1丁（300g）
貝割れ菜……………………適量

1 耐熱のボウルに肉みその材料を入れてよくまぜ、ラップをふんわりとかけて電子レンジで4分加熱する。全体をまぜ、ラップをかけずに電子レンジで2分加熱する。
2 器にとうふを盛って**1**を大さじ2〜3のせ、根元を落とした貝割れ菜を添える。
● 肉みそは、冷凍庫で1カ月ほどもつ。

Daily Recipe 125
たらこ入りいり卵

1人分 **334**kcal　調理時間 **5**分　*カロリーには、ごはんの分も含まれる。

朝食やおべんとうのごはんのトッピングにも。

材料（2人分）
卵………………………………1個
たらこ……………小½腹（30g）
調味用
［みりん…………………大さじ1
　しょうゆ…………………少々
あたたかいごはん…2人分（300g）

1 たらこは薄皮に切り目を入れ、中身をしごき出す。
2 耐熱のボウルに卵をときほぐし、調味用の材料、**1**の順に加えてよくまぜる。
3 **2**をラップをかけずに電子レンジで50秒加熱し、全体をまぜて同様に30秒加熱する。もう一度まぜて、さらに20〜30秒加熱する。
4 器にごはんを盛り、**3**をのせる。

今泉さんおすすめ！
即できワザ活用レシピ集

「毎日のことだから、料理はもっと手早く、おいしく作りたい」というのが、みんなのせつなる願い。ここでは、今泉さんいち押しの即でき調理のコツとメニューをご紹介します。アイディア満載のテクニック、さっそくきょうから試してみて。

Technique of Speed Cooking

電子レンジワザ

電子レンジは、少量のおかずを作るときや、ふりかけや常備菜などのストックおかず作りにも大活躍。知っておくと、役立つものばかり！

Daily Recipe 122

じゃこと梅じそのふりかけ

1人分 **15**kcal　調理時間 **10**分
おにぎりの具や、まぜごはんにしても。

材料（4人分）
ちりめんじゃこ……大さじ4
梅干し（種をとってこまかく
　たたいたもの）………40g
青じそ………………10枚

1 耐熱皿にちりめんじゃこをのせ、ラップをかけずに電子レンジで1分加熱する。
2 オーブン用クッキングシートに梅肉を塗って広げ、耐熱皿にのせてラップをかけずに電子レンジで1分加熱する。全体をまぜて再び塗って広げ、同様に1分加熱する。同じことをもう一度繰り返す。
3 キッチンペーパーを敷いた耐熱皿に青じそを並べ、ラップをかけずに電子レンジで1分加熱する。上下を返して1分、再び上下を返してさらに30秒〜1分加熱する。あら熱がとれたら、こまかく手でちぎる。
4 1、2、3をまぜる。
● 冷蔵庫で3週間ほどもつ。

ひとワザきかせたトッピング!

ピリ辛焼き豚のせ みそラーメン

Daily Recipe 120 なべだけで作れる!

1人分 **578**kcal　調理時間 **10**分

みそラーメンに、豆板醤(トウバンジャン)であえた焼き豚と長ねぎをトッピング。専門店風の本格味に仕上がります!豆板醤の量はお好みで!

材料(4人分)
ラーメン(市販品・みそ味)4人分　焼き豚150g　長ねぎ(白い部分)15cm　もやし1袋　いり白ごま小さじ2　調味用[ごま油小さじ2　豆板醤少々]

1 具を作る
長ねぎは5cm長さに切り、細切りにする。焼き豚は2mm厚さに切り、5mm幅に切る。ボウルに長ねぎ、焼き豚、ごま、調味用の材料を入れてまぜる。

2 スープを作る
器にラーメンに添付のスープを入れ、袋に表示された分量の熱湯を注いでまぜる。

3 めんをゆでる
なべにたっぷりの湯を沸かし、中華めんをほぐしながら入れて、袋に表示された時間どおりにゆでる。ゆで上がる1分ほど前にもやしを加え、いっしょにゆでてざるに上げ、水けをきる。**2**に盛って**1**をのせる。

おすすめ献立メニュー
野菜が少なめなので、ちょっとボリュームのあるいため物などを添えて。
- チンゲンサイとエリンギのにんにくいため >> **68**ページ

本場の味がすぐできる!

牛肉とセロリのオイスターソース焼きそば

Daily Recipe 121 フライパンひとつでOK!

1人分 **377**kcal　調理時間 **15**分

牛肉のうまみ、セロリのシャキシャキ感、しょうがの香りが絶妙の一品です。オイスターソースのコクで、さらなるおいしさに!

材料(4人分)
中華蒸しめん3玉　牛切り落とし肉150g　セロリ大1本(150g)　長ねぎ1本　しょうが大1かけ　サラダ油大さじ2　塩、こしょう各少々　調味用[オイスターソース、酒各大さじ1　塩、あらびき黒こしょう各少々]

1 下ごしらえをする
セロリは葉と茎に分ける。葉は2cm幅に切り、茎は筋をとって縦半分に切り、斜め薄切りにする。長ねぎは縦半分に切り、斜め薄切りにする。しょうがは皮をむき、せん切りにする。

2 めんをいためる
フライパンを強火で熱し、中華めん、水大さじ1〜2を振り入れていためる。めんがほぐれたら、とり出す。

3 具とめんをいためる
フライパンにサラダ油を中火で熱し、しょうがを入れていためる。牛肉を加えてさっといため、塩、こしょうを振って、セロリの茎、長ねぎを加えていためる。**2**を加えてさっといため合わせ、セロリの葉を加えてまぜる。調味用の材料を加え、手早くまぜる。

おすすめ献立メニュー
コクのある焼きそばの味を引き立てる、あっさり味のサブおかずを。
- トマトのザーサイあえ >> **112**ページ
- えのきだけ入りかき玉汁 >> **76**ページ

材料（4人分）
- ラーメン（市販品・とんこつ味） …… 4人分
- 豚こまぎれ肉 …………… 150g
- キャベツ ………………… 3枚（150g）
- にんじん ………………… 1/3本
- 下味
  - 酒 …………………… 大さじ1
  - 塩、こしょう ………… 各少々
- サラダ油 ………………… 大さじ1
- かたくり粉 ……………… 小さじ2

1 下ごしらえをする
キャベツは5cm長さ、2cm幅に切る。にんじんは皮をむき、縦1cm幅に切って縦薄切りにする。豚肉は下味の材料を振ってからめる。

2 スープを作る
なべにサラダ油を中火で熱し、豚肉を入れていためる。豚肉の色が変わったら、にんじんを加えてさっといため合わせ、ラーメンに添付のスープの袋に表示された分量の湯を加える。煮立ったら、キャベツを加えてひと煮し、添付のスープを加えてよくまぜる。かたくり粉を水大さじ1強でといて加え、再び煮立ったら火を止める。

3 めんをゆでる
別のなべにたっぷりの湯を沸かし、中華めんをほぐしながら入れて、袋に表示された時間よりも30秒ほど短めにゆでる。ざるに上げて水けをきり、2に加えて中火にかける。煮立ったら、器に盛る。

おすすめ献立メニュー
ボリュームがあるので、シンプルな野菜のおかずを添えるだけで十分。
- きゅうりとしらすの酢の物

たっぷり野菜をプラス！
ちゃんぽん風ラーメン

Daily Recipe 119　なべだけで作れる！

1人分 655kcal　調理時間 15分

市販のとんこつ味のラーメンに、たっぷりの具を加えて食べごたえ満点！
もちろん、みそ味やしょうゆ味で作っても、おいしい！

めん

シャキシャキ大根を加えて！

せん切り大根まぜ冷やし納豆そば

Daily Recipe 117 なべだけで作れる！

1人分 **415**kcal　調理時間 **15**分

ゆでた日本そばにせん切りの大根をまぜて、楽しい口当たりに。
納豆とみょうがをトッピングすれば、ヘルシーな一品の完成！

材料（4人分）
乾そば300g　引き割り納豆（タレ・からしつきのもの）4パック（200g）　大根10cm（300g）　みょうが4〜5個　刻みのり（市販品）適量　めんつゆ（市販品・つけづゆ程度の濃さに薄めたもの）2カップ

1 下ごしらえをする
大根は皮をむき、長さを半分に切る。縦薄切りにしてせん切りにする。みょうがは薄い小口切りにし、水にさっとさらして水けをきる。納豆は添付のタレとからしを加えてよくまぜる。

2 そばをゆでる
なべにたっぷりの湯を沸かし、そばを入れてまぜ、袋に表示された時間どおりにゆでる。ざるに上げて冷水につけ、もみ洗いをしてぬめりをとり、水けをきる。

3 仕上げる
2に大根を入れてまぜ、器に盛ってめんつゆをかける。みょうがを散らし、納豆、刻みのりをのせる。

おすすめ献立メニュー

緑黄色野菜がたっぷりとれるサブおかずを組み合わせて、ヘルシー献立に。

● スナップえんどうとパプリカの梅マヨあえ >> 59ページ

うまみ満点、あとを引く！

ひき肉と高菜の塩焼きそば

Daily Recipe 118 フライパンひとつでOK！

1人分 **354**kcal　調理時間 **10**分

ひき肉と高菜のうまみが、めんによ〜くからみます。
一度食べると、くせになるおいしさ。ランチやお酒のあとのしめくくりにも！

材料（4人分）
中華蒸しめん3玉　豚ひき肉150g　高菜漬け100g　万能ねぎ10本　ごま油大さじ1　調味用［酒大さじ2　塩小さじ½弱　こしょう少々］

1 下ごしらえをする
万能ねぎは3cm長さに切る。高菜は汁けをしぼり、縦2cm幅に切って横3mm幅に切る。

2 めんをいためる
フライパンを強火で熱し、中華めん、水大さじ2を振り入れていためる。めんがほぐれたら、とり出す。

3 仕上げる
フライパンにごま油を中火で熱し、ひき肉を入れていためる。高菜を加えてさっといため合わせ、2を加えていためる。調味用の材料を加えて手早くまぜ、万能ねぎを加えて大きくまぜる。

おすすめ献立メニュー

さっぱりとした味わいのサラダなどが相性抜群。

● レタスとトマトの玉ねぎドレッシング >> 60ページ

甘辛味にはまります！
温泉卵のっけすき焼き風うどん

1人分 **413**kcal　調理時間 **15**分

牛肉のうまみがしみた甘辛いつゆで、うどんをさらに煮て。
うどんにも、おいしさがギュッ。温泉卵をからめて、至福の味に！

材料（4人分）
- ゆでうどん……………………3玉
- 牛切り落とし肉………………150g
- 温泉卵（市販品）……………4個
- 白菜………………大3枚（300g）
- 長ねぎ…………………………1〜2本
- 調味用
  - しょうゆ……………………大さじ5
  - 砂糖、酒……………………各大さじ3
  - みりん………………………大さじ2
- だし………………………1.5〜2カップ
- 七味とうがらし………………少々

1 下ごしらえをする
白菜は6〜8cm長さに切り、葉の部分は縦2cm幅、芯の部分は縦7〜8mm幅に切る。長ねぎは5mm幅の斜め切りにする。

2 うどんをゆでる
なべにたっぷりの湯を沸かし、うどんを入れて、菜箸でほぐしながら30秒ほどゆで、ざるに上げて水けをきる。

3 牛肉を煮る
フライパンに調味用の材料を入れて中火で煮立て、牛肉を加えて、ほぐしながらさっと煮る。牛肉の色が変わったら、とり出す。

4 煮る
3のフライパンに白菜、長ねぎを加え、弱火にしてふたをし、3分ほど煮る。中火にしてだしを注ぎ、煮立ったら2を加えて2分ほど煮、3を戻し入れてひと煮する。器に盛って温泉卵を割り落とし、七味とうがらしを振る。

おすすめ献立メニュー
しっかり味のメインには、薄味のサブおかずを選べば、まちがいなし。いも類や緑黄色野菜などを多くとり入れて。
- さつまいものレモン煮
  >>**63**ページ

めん

ちくわのうまみが決め手！
ちくわと小松菜の焼きうどん

Daily Recipe 114　フライパンひとつでOK!

1人分 **296**kcal　調理時間 **10**分

「おうちならでは」の味が楽しめる、アイディア満載の焼きうどん。
ちくわのモチッとした歯ごたえとうまみが、楽しい、おいしい！

材料（4人分）
ゆでうどん3玉　ちくわ大2本（180g）
小松菜1/2束（150g）　長ねぎ1本　サラダ油大さじ2　調味用［酒、しょうゆ各大さじ1.5〜2］

おすすめ献立メニュー

肉はなくても意外と食べごたえがあるので、さっぱりとしたあえ物や、簡単な汁物を添えて。
- もやしとゆで豚のゆかりあえ
  >> 59ページ
- えのきだけともずくのスープ
  >> 74ページ

1 下ごしらえをする
うどんはざるに入れ、熱湯を回しかけてほぐし、水洗いをして水けをきる。小松菜は根元に十文字の切り込みを入れ、4cm長さに切る。長ねぎは5mm幅の斜め切りにする。ちくわは縦半分に切り、5mm幅の斜め切りにする。

2 いためる
フライパンにサラダ油を中火で熱し、長ねぎ、うどんを入れていためる。長ねぎがしんなりとしたら、小松菜を加えてさっといため合わせ、ちくわを加えていためる。

3 調味する
全体に油が回ったら調味用の材料を加え、手早くまぜる。

のどごしツルリ、のさっぱり味！
焼き油揚げのっけぶっかけうどん

Daily Recipe 115　なべ＋フライパン＋電子レンジで

1人分 **391**kcal　調理時間 **10**分

ゆで上げたうどんに、カリカリに焼いた油揚げと香味野菜をトッピング。
レンジで煮きったみりんじょうゆをかけて、いただきます！

材料（4人分）
冷凍うどん4玉　油揚げ3枚　万能ねぎ6本　削り節1カップ　おろししょうが適量　しょうゆ大さじ6　みりん大さじ2〜3

1 下ごしらえをする
万能ねぎは小口切りにする。油揚げはキッチンペーパーで包んで押さえ、余分な油をふきとる。フライパンを弱めの中火で熱し、油揚げを入れて両面をこんがりと焼く。あら熱がとれたら、横3mm幅に切る。

2 タレを作る
耐熱のボウルにしょうゆ、みりんを入れてまぜ、ラップをかけずに電子レンジで2分加熱する。

3 うどんをゆでる
なべにたっぷりの湯を沸かし、凍ったままのうどんを入れて、菜箸でほぐしながら袋に表示された時間どおりにゆでる。ざるに上げて水けをきり、器に盛る。油揚げをのせて万能ねぎと削り節を散らし、好みの量の2をかけておろししょうがを添える。

おすすめ献立メニュー

ボリュームが少なめなので、食べごたえのある野菜メニューを選んで。
- アスパラと鶏肉の明太マヨあえ
  >> 57ページ

材料（4人分）
- ゆでうどん ……………… 4玉
- 豚ロース薄切り肉 ……… 200g
- 玉ねぎ …………………… 1個
- 生しいたけ ……………… 4個
- 長ねぎ …………………… 10cm
- 酒 ………………………… 大さじ1
- めんつゆ（市販品・3倍濃縮） ……………… ¾カップ
- 調味用
  - 牛乳 …………………… ½カップ
  - かたくり粉、小麦粉 … 各大さじ2
  - 酒、カレー粉 ………… 各大さじ1

1 下ごしらえをする
玉ねぎは縦半分に切り、縦薄切りにする。しいたけは軸を落とし、薄切りにする。長ねぎは薄い小口切りにする。豚肉は3cm幅に切り、酒を振ってからめる。

2 煮る
なべにめんつゆ、水5¼カップ、玉ねぎを入れて中火で煮立て、豚肉を加えてほぐしながら煮る。豚肉の色が変わったら弱めの中火にし、アクをとって2～3分煮る。しいたけを加え、ひと煮する。

3 調味する
ボウルに調味用の材料を入れて泡立て器でまぜ、2の煮汁の½カップほどを加えてよくまぜる。万能こし器などでこしながら、2のなべに加え、大きくまぜる。煮立ったら弱火にし、とろみがつくまで1～2分煮る。

4 うどんをゆでる
別のなべにたっぷりの湯を沸かし、うどんを入れて、菜箸でほぐしながら30秒ほどゆでる。ざるに上げて水けをきり、器に盛る。3をかけ、長ねぎをのせる。

おすすめ献立メニュー
甘みや酸味など、少量でも味のアクセントがつくサブおかずをチョイス。
- トマトのザーサイあえ
  >> 112ページ

牛乳を加えてクリーミー！

豚肉、玉ねぎ、しいたけ入りカレーうどん

Daily Recipe 113　なべだけで作れる！

1人分 **472**kcal　調理時間 **15**分

めんつゆで作る、おそば屋さん風カレーうどん。
牛乳を加えて、リッチでまろやかな味に仕上げます。
かたくり粉でとろみをつけると、最後までアツアツ！

冷蔵庫の野菜、フル活躍！
具だくさんミネストローネ

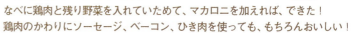

Daily Recipe 111 / なべだけで作れる！

1人分 **351**kcal　調理時間 **25**分

なべに鶏肉と残り野菜を入れていためて、マカロニを加えれば、できた！
鶏肉のかわりにソーセージ、ベーコン、ひき肉を使っても、もちろんおいしい！

材料（4人分）
マカロニ120～150g　鶏もも肉1枚（250g）　玉ねぎ1個　さやいんげん100g　にんにく1かけ　トマト2個　下味[塩、こしょう各少々]　オリーブ油大さじ2　チキンコンソメ1個　酒大さじ2　塩小さじ¾　こしょう少々

1　下ごしらえをする
玉ねぎは縦半分に切り、縦薄切りにする。いんげんはへたを落とし、2cm長さに切る。にんにくはみじん切りにする。トマトはへたの部分にフォークを刺して直接火にかざし、皮がめくれてきたら、冷水につけて皮をむき、水けをきって2cm角に切る。鶏肉は一口大に切り、下味の材料を振る。

2　いためる
なべにオリーブ油、にんにくを入れて弱火にかけ、香りが立ったら中火にし、玉ねぎを加えていためる。玉ねぎがしんなりとしたら鶏肉を加え、いため合わせる。

3　煮る
鶏肉の色が変わったら、トマト、水4～5カップ、チキンコンソメを加えてまぜる。煮立ったら、弱めの中火にしてアクをとり、酒、マカロニを加えてさっとまぜ、ふたをして7分ほど煮る。いんげんを加えて2～3分煮、塩、こしょうを振ってひと煮する。

おすすめ献立メニュー
具だくさんなので、簡単なサラダを添えるだけで十分。
● にんじんのシンプルサラダ
>> 58ページ

残ったそうめん活用術！
豚肉とにらのカレーいためそうめん

Daily Recipe 112 / フライパンひとつでOK！

1人分 **492**kcal　調理時間 **10**分

夏に残ったそうめんも、こうすればひと味違うメニューに早変わり。
ゆでる、いためるがフライパンひとつでできるのも、魅力！

材料（4人分）
そうめん250g　豚バラ薄切り肉200g　にら1束（100g）　玉ねぎ1個　サラダ油大さじ1.5　塩少々　カレー粉小さじ1～1.5　しょうゆ、酒各大さじ1.5～2

1　下ごしらえをする
にらは3cm長さに切る。玉ねぎは縦半分に切り、縦薄切りにする。豚肉は2cm幅に切る。

2　そうめんをゆでる
フライパンに多めの湯を沸かし、そうめんを入れてまぜ、袋に表示された半分ほどの時間でゆでる。冷水にとってもみ洗いをし、ざるに上げて水けをしぼる。

3　いためる
フライパンにサラダ油を中火で熱し、豚肉を入れていためる。塩を振って手早くまぜ、玉ねぎを加えていため合わせる。2、カレー粉を加えてさっといため、しょうゆ、酒を振り、にらを加えていため合わせる。

おすすめ献立メニュー
パンチのきいたカレー味をじゃましない、シンプルなあえ物を添えて。
● ツナと水菜のポン酢マヨあえ
>> 108ページ

Daily Recipe 110 なべ + 電子レンジで

和パスタもはずせない！
ポテトとブロッコリーのたらこスパゲッティ

1人分 **454** kcal　調理時間 **20** 分

フライパンいらずで作れる、うれしいパスタ。ホクホクポテトの食感と、プチプチのたらこが、とにかく楽しい！ バターの風味もこれまたひと役！

材料（4人分）

- スパゲッティ（あれば太めのもの） …… 300g
- たらこ …… 小2腹(120g)
- じゃがいも …… 1個
- ブロッコリー …… 小1個
- 塩 …… 大さじ1
- バター …… 大さじ4
- レモン汁 …… 小さじ1

1 下ごしらえをする

じゃがいもは皮をむき、1cm厚さの半月切りにして水に5分ほどさらし、水けをきる。ブロッコリーは小房に分け、さらに縦3～4等分に切る。たらこは薄皮に切り目を入れて、中身をしごき出す。

2 スパゲッティ、じゃがいもをゆでる

大きめのなべに3ℓほどの湯を沸かし、塩、スパゲッティの順に入れてまぜ、袋に表示された時間どおりにゆでる。2分ほどたったらじゃがいもを加え、いっしょにゆでる。

3 たらこソースを作る

大きめの耐熱のボウルにバターを入れ、ラップをかけずに電子レンジで10～20秒加熱する。やわらかくなったら、レモン汁、たらこを加え、よくまぜる。

4 仕上げる

スパゲッティがゆで上がる1分～1分30秒ほど前に、ブロッコリーを2のなべに加え、いっしょにゆでる。ゆで上がったらざるに上げ、水けをきる。3に加えてあえる。

おすすめ献立メニュー

たらこの塩分があるので、薄味のサブおかずを選んで。シャキッと歯ごたえのよいサラダなどがおすすめ。
- 大根とにんじんのサラダ >> **107** ページ
- チキンソテー

めん

材料（4人分）

- スパゲッティ（あれば太めのもの）……………………300g
- ハム…………… 6枚（90g）
- 玉ねぎ…………… 小1個
- エリンギ………… 1パック（100g）
- ピーマン…………… 2個
- 粉チーズ…………… 適量
- 塩…………… 大さじ1
- サラダ油…………… 大さじ2
- 調味用
  - ┌ トマトケチャップ…… 大さじ6
  - │ 中濃ソース………… 大さじ½
  - │ 酒…………… 大さじ2
  - └ こしょう…………… 少々

1 下ごしらえをする

玉ねぎは縦半分に切り、縦薄切りにする。エリンギは長さを半分に切って縦半分に切り、縦薄切りにする。ピーマンは縦半分に切ってへたと種をとり、縦薄切りにする。ハムは半分に切り、1cm幅に切る。

2 スパゲッティをゆでる

大きめのなべに、3ℓほどの湯を沸かし、塩、スパゲッティの順に入れてまぜ、袋に表示された時間どおりにゆでる。

3 具をいためる

フライパンにサラダ油を中火で熱し、玉ねぎを入れて、しんなりとするまでいためる。エリンギ、ピーマン、ハムを順に加えていため合わせ、全体に油が回ったら、調味用の材料を加えて手早くまぜ、火を止める。

4 スパゲッティを加える

2がゆで上がったらざるに上げ、水けをきって3に加える。再び中火にかけてさっといため合わせ、器に盛って粉チーズを振る。

Daily Recipe 109　なべ＋フライパンで

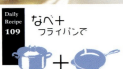

甘～いケチャップにそそられる！

懐かし味のナポリタン

1人分 **472**kcal　調理時間 **20**分

ときどきむしょうに食べたくなるのが、ナポリタン。
ケチャップのやさしい甘みが、スパゲッティにおいしくからみます。ぜひ、レパートリーに！

おすすめ献立メニュー

歯ごたえのいい生野菜のサラダや、シンプルなスープで、バランスのとれた献立に。

- ちぎりキャベツの
  ツナカレーサラダ　≫56ページ
- コーンクリームスープ

材料（4人分）

- スパゲッティ……………300g
- ウインナソーセージ……5〜6本
- キャベツ……………4枚(200g)
- 玉ねぎ………………………1個
- 塩……………………………適量
- サラダ油………………大さじ1.5
- 小麦粉…………………大さじ1
- チキンコンソメ……………½個
- 牛乳………………………1カップ
- 生クリーム………………1カップ
- あらびき黒こしょう…………少々

1 下ごしらえをする

キャベツは3〜4cm四方に切る。玉ねぎは縦半分に切り、縦薄切りにする。ソーセージは、5mm幅の斜め切りにする。

2 スパゲッティをゆでる

大きめのなべに3ℓほどの湯を沸かし、塩大さじ2弱、スパゲッティの順に入れてまぜ、袋に表示された時間どおりにゆでる。

3 具をいためる

フライパンにサラダ油を中火で熱し、玉ねぎを入れて、しんなりとするまでいためる。ソーセージを加えてさっといため合わせ、小麦粉を振って手早くまぜる。こまかく刻んだチキンコンソメ、牛乳を加えてまぜ、煮立ちそうになったら弱火にし、1分ほど煮て火を止める。

4 キャベツをゆでる

スパゲッティがゆで上がる1分ほど前にキャベツを2のなべに加え、いっしょにゆでてざるに上げ、水けをきる。

5 まぜる

3を中火にかけ、生クリームを加えてまぜる。煮立ったら4を加えて手早くまぜ、塩少々を加えて味をととのえる。器に盛り、あらびき黒こしょうを振る。

おすすめ献立メニュー

濃厚な味わいなので、サブおかずにはさっぱり味のものがうれしい。緑黄色野菜を意識して。
- 玉ねぎとトマトのサラダ >> 57ページ

Daily Recipe 108 なべ＋フライパンで

めん

リッチでコクのある味！

ソーセージとキャベツのクリームスパゲッティ

1人分 **703**kcal　調理時間 **20**分

こってり味のクリームスパは、子どもに大人気のメニュー。
ここでは、身近な素材でとびっきりの味に仕上がるレシピをご紹介。ランチにも！

こんがりマヨが、大好評！

えびのケチャップライスドリア

Daily Recipe 106 フライパン＋トースターで

1人分 **493**kcal　調理時間 **20**分

みんな大好きなケチャップライスに、マヨとチーズをのせて、こんがり焼きました！とろーり、アツアツをぜひ楽しんで！

材料（4人分）
あたたかいごはん4人分（600g）　むきえび（小）250g　玉ねぎ1個　ピザ用チーズ60g　かたくり粉大さじ1　バター大さじ2　調味用［トマトケチャップ大さじ5　酒大さじ2］　塩、こしょう各少々　マヨネーズ 大さじ1.5～2

1 下ごしらえをする
玉ねぎはみじん切りにする。えびは背わたをとり除き、かたくり粉をまぶしてさっと水洗いをし、水けをふく。

2 ケチャップライスを作る
フライパンにバターを中火でとかし、玉ねぎ、えびの順に加えていためる。えびの色が変わったら、調味用の材料を加えて手早くまぜ、ごはんを加えていためる。ごはんがぱらぱらになったら、塩、こしょうを振り、味をととのえる。

3 焼く
耐熱容器に**2**を入れ、マヨネーズ、ピザ用チーズを全体にのせる。あたためたトースターに入れ、表面に焼き色がつくまで6分ほど焼く（または230度のオーブンで6分ほど焼く）。

おすすめ献立メニュー

さっぱり味でシンプルなあえ物やスープを添えて、バランスよく。
- セロリとグレープフルーツの酢の物　≫ **60**ページ
- かぼちゃの豆乳ポタージュ　≫ **76**ページ

カフェめしをわが家で！

タコライス

Daily Recipe 107 フライパンひとつでOK！

1人分 **484**kcal　調理時間 **15**分

このメニューは、タバスコと酸味を少しきかせた味つけがキーポイント。ごはん、生野菜、チーズとの相性も抜群！辛みや酸味は味をみながらかげんを！

材料（4人分）
あたたかいごはん4人分（600～800g）　牛ひき肉（あれば赤身）250g　レタス3～4枚　トマト2個　玉ねぎ½個　にんにく1かけ　スライスチーズ2枚　トマトの調味用［玉ねぎのみじん切り大さじ2　レモン汁小さじ2　タバスコ少々］　サラダ油小さじ1　ひき肉の調味用［トマトケチャップ大さじ3　ウスターソース大さじ1　塩小さじ½強　こしょう少々］

1 下ごしらえをする
レタスは4～5cm長さの細切りにする。トマトは縦半分に切ってへたをとり除き、1cm角に切ってボウルに入れる。トマトに調味用の材料を加え、よくあえる。玉ねぎとにんにくはみじん切りにする。

2 いためる
フライパンにサラダ油を中火で熱し、玉ねぎとにんにくを入れていためる。香りが立ったら、ひき肉を加えていため合わせ、調味用の材料を加え、汁けがほぼなくなるまで煮る。

3 仕上げる
器にごはんを盛ってレタス、**2**、トマトの順にのせ、チーズを食べやすい大きさにちぎって散らす。

おすすめ献立メニュー

ボリューム満点のごはん物には、汁物を添えるだけでOK。具だくさんのスープなら、満足度アップ。
- じゃがいもと玉ねぎのスープ

Daily Recipe 105　炊飯器＋フライパンで

しょうゆの香ばしさ、絶品！
三目炊き込みごはん

1人分 **608**kcal　調理時間 **45**分　＊米をざるに上げている時間は除く。

どこか懐かしい、しょうゆ味の炊き込みごはん。
3素材だけでもおいしい組み合わせを見つけました。
具は小さめに切って、味をしみ込みやすく！

材料（4人分）
- 米 ………………… 3合（540㎖）
- 鶏もも肉 …………… 1枚（250g）
- にんじん …………… 小1本
- ごぼう ……………… 小1本（100g）
- 下味
  - しょうが汁 ……… 1かけ分
  - 塩、砂糖 ………… 各小さじ½
- 調味用
  - 酒、しょうゆ …… 各大さじ2
  - みりん …………… 大さじ1
  - 塩 ………………… 小さじ½
- だし ………………… 適量

1　下ごしらえをする
米はといでざるに上げ、水けをきって30分ほどおく。にんじんは皮をむき、2㎝長さの細切りにする。ごぼうは皮をこそげてピーラーなどで3～4㎝長さのささがきにし、水に3分ほどさらして水けをきる。

2　鶏肉を焼く
フッ素樹脂加工のフライパンを中火で熱し、鶏肉の皮の面を下にして入れて焼く。カリッとしたらとり出し、縦3等分に切って横1㎝幅に切り、下味の材料をからめる。

3　炊く
炊飯器の内がまに米、調味用の材料を入れ、3合の目盛りのところまでだしを注ぐ。さっとまぜて、2、にんじん、ごぼうの順にのせ、普通に炊く。炊き上がったら、さっくりとまぜる。

おすすめ献立メニュー
しょうゆ味のごはんと相性のよい、和風のサブおかずをチョイス。あえ物、汁物がベスト。
- たたききゅうりの梅おかかあえ
  >> **112**ページ
- いんげんとみょうがのみそ汁
  >> **73**ページ

ごはん

ひき肉で作るのが、秘訣！

鶏そぼろ親子丼

Daily Recipe 103 フライパンひとつでOK!

1人分 **585**kcal　調理時間 **15**分

このレシピの最大ポイントは、鶏ひき肉で作ること。それのみ！切る手間いらずで、早く火が通るし、味もよくしみ込みます。

材料（4人分）
あたたかいごはん4人分（800g）　鶏ひき肉250g　卵4個　玉ねぎ1個　万能ねぎ3本　下味[しょうが汁1かけ分　塩少々]　煮汁[だし¾カップ　しょうゆ、酒、砂糖各大さじ3]　七味とうがらし少々

1 下ごしらえをする
玉ねぎは縦半分に切り、縦5mm幅に切る。万能ねぎは小口切りにする。ボウルにひき肉を入れて下味の材料を加え、菜箸でほぐしながらからめる。

2 煮る
フライパンに煮汁の材料を入れて中火で煮立て、玉ねぎを加えてひき肉をのせる。弱火にしてふたをし、5分ほど煮る。

3 卵を流し入れる
ボウルに卵を軽くときほぐす。2のふたをとり、全体を大きくまぜる。中火にしてとき卵を2回に分けて流し入れ、半熟状になるまで煮る。器にごはんを盛って具をのせ、万能ねぎを散らして七味とうがらしを振る。

おすすめ献立メニュー

あえ物、汁物を添えると、ボリューム満点の献立に。
- ほうれんそうのごまみそあえ ≫ 61ページ
- えのきだけともずくのスープ ≫ 74ページ

いつでも食べたい定番味！

焼き豚、卵、長ねぎの チャーハン

Daily Recipe 104 フライパンひとつでOK!

1人分 **407**kcal　調理時間 **10**分

10分で完成！のおなじみチャーハン。卵→ごはん→焼き豚→長ねぎの順にいためるのが、成功のカギ。コンロを離れず、一気に作って！

材料（4人分）
あたたかいごはん4人分（600g）　焼き豚120g　卵2個　長ねぎ小1本　酒大さじ1　サラダ油大さじ2　調味用[塩小さじ¾　こしょう少々　しょうゆ大さじ½]

1 下ごしらえをする
長ねぎはあらいみじん切りにする。焼き豚は5mm角に切る。ボウルに卵をときほぐす。大きめのボウルにごはんを入れ、酒を振って切るようにまぜる。

2 いためる
フライパンにサラダ油を強火で熱し、とき卵を流し入れる。大きく一度まぜてからごはんを加え、中火にして、ほぐしながらいため合わせる。ごはんがぱらぱらになったら、焼き豚を加えてさっといため、長ねぎを加えていため合わせる。

3 調味する
全体に油が回ったら調味用の材料を順に加え、手早くまぜる。

おすすめ献立メニュー

サブおかずは、少しボリュームのあるものに。野菜が少なめなので、意識してたっぷりとり入れて。
- チンゲンサイとかにかまのとろみ煮 ≫ 66ページ

少ない素材でも、おいしい！
シーフードミックスの中華丼

Daily Recipe 102 フライパン＋電子レンジで

1人分 **508**kcal　調理時間 **15**分

具を厳選すれば、少ない素材でも本格味の中華丼が作れます！
冷凍シーフードミックス、白菜、長ねぎがあれば、大丈夫。ぜひ、お試しを！

材料（4人分）
- あたたかいごはん……4人分（800g）
- 冷凍シーフードミックス……250g
- 白菜……………………大3枚（300g）
- 長ねぎ……………………………1本
- 下味
  - 酒、しょうゆ…………各小さじ1
  - こしょう………………………少々
- サラダ油………………………大さじ2
- スープ
  - 水………………………………2カップ
  - 鶏ガラスープのもと……小さじ1.5
  - 酒、しょうゆ、かたくり粉
    …………………………各大さじ2
  - 砂糖……………………………大さじ1
  - 塩………………………………小さじ½
- ごま油…………………………小さじ1

1 下ごしらえをする
シーフードミックスは耐熱皿に入れ、ラップをかけずに電子レンジで1分ほど加熱し、解凍する。水けをふき、下味の材料を振ってからめる。白菜は6cm長さに切り、芯の部分は縦1cm幅、葉の部分は縦2cm幅に切る。長ねぎは斜め薄切りにする。

2 いためる
フライパンにサラダ油を中火で熱し、長ねぎを入れてさっといため、白菜の芯の部分を加えて2分ほどいため合わせる。シーフードミックスを加えていため、全体に油が回ったら、白菜の葉の部分を加えて、手早くいため合わせる。

3 煮る
スープの材料を加え、大きくまぜながら煮立ててひと煮する。とろみがついたら火を止め、ごま油を振ってさっとまぜる。器に盛ったごはんにかける。

おすすめ献立メニュー
食べごたえがあるので、簡単なサラダやあえ物を添えればOK。シンプルなものがマッチ。
- トマトのザーサイあえ
  >> 112ページ

ごはん

子どもも、パパも大喜び！
ねぎとろ丼

1人分 **467**kcal　調理時間 **10**分

スーパーでは常連のまぐろの中落ちに、味をつけてごはんにのせるだけ。少量の砂糖とごま油が、ミソ。うまみと香りがグンとアップ！

材料（4人分）
あたたかいごはん4人分（800g）　まぐろ（中落ち・刺し身用）300g　水菜 ¾束（150g）　焼きのり（全形）1枚　おろしわさび適量　調味用［長ねぎのみじん切り10cm分　ごま油小さじ1　しょうゆ大さじ2　砂糖小さじ½］

1 下ごしらえをする
水菜は3cm長さに切り、冷水に5分ほどさらして水けをきる。のりはあらくちぎる。まぐろはボウルに入れ、調味用の材料を加えてよくあえる。

2 仕上げる
大きめのボウルにごはんを入れ、のりを加えてさっくりとまぜ、器に盛る。水菜を散らしてまぐろをのせ、わさびを添える。

おすすめ献立メニュー
ごはんによく合う、和風のおなじみのメニューを添えて。酸味のあるものがぴったり。
- きゅうりの梅みそあえ　>> 57ページ
- いんげんとみょうがのみそ汁　>> 73ページ

オリーブ油としょうゆでグッ！
ガーリックポークソテー丼

1人分 **667**kcal　調理時間 **15**分

ロース肉を香ばしくソテーして、バターでいためたキャベツとごはんにのせれば、でき上がり。仕上げのしょうゆが、たまりません！

材料（4人分）
あたたかいごはん4人分（800g）　豚ロース肉（とんかつ用）4枚（400〜500g）　キャベツ¼個（300g）　にんにく1かけ　下味［塩小さじ½　あらびき黒こしょう少々］　バター大さじ1　塩、こしょう各少々　オリーブ油大さじ1.5　タレ［しょうゆ、酒各大さじ2〜3］

1 下ごしらえをする
キャベツは芯をとる。葉は3〜4cm長さ、1cm幅に切り、芯は縦薄切りにする。にんにくは横薄切りにする。豚肉は筋を切り、下味の材料を振る。

2 キャベツをいためる
フライパンにバターを中火でとかし、キャベツを入れていためる。しんなりとしたら、塩、こしょうを振ってまぜ、とり出す。

3 豚肉を焼く
フライパンにオリーブ油大さじ1、にんにくを入れ、中火にかける。にんにくがカリッとしたらとり出す。フライパンを強めの中火にして豚肉を並べ入れ、3分ほど焼く。裏返して1分ほど焼き、弱火にしてふたをし、2〜3分蒸し焼きにする。とり出して一口大に切る。

4 タレを作る
3のフライパンにタレの材料を加え、中火にかける。煮立ったら火を止め、オリーブ油大さじ½を加えてまぜる。器にごはんを盛って2、豚肉をのせ、にんにくを散らして、タレをかける。

おすすめ献立メニュー
歯ごたえのいいサラダや、海藻の汁物などを添えて。献立にメリハリがつきます。
- セロリとグレープフルーツの酢の物　60ページ
- 玉ねぎとわかめのみそ汁

材料（4人分）

- あたかいごはん……4人分(800g)
- 甘塩鮭(切り身)……大2切れ(240g)
- 卵………………………3個
- きゅうり………………2本
- いり白ごま……………大さじ2
- 合わせ酢
  - 酢…………………大さじ4
  - 砂糖………………大さじ2
  - 塩…………………小さじ1
- 塩…………………小さじ½
- 酒…………………大さじ1
- 調味用
  - 砂糖、酒…………各大さじ1
  - 塩…………………少々

1 すしめしを作る
大きめのボウルにごはんを入れておく。耐熱のボウルに合わせ酢の材料を入れ、ラップをかけずに電子レンジで40秒加熱する。よくまぜて砂糖をとかし、ごはんに回しかけて、切るようにまぜる。

2 きゅうりを塩もみする
きゅうりは薄い輪切りにし、塩を振ってもみ、5分ほどおく。しんなりとしたら、さっと水洗いをして、水けをしぼる。

3 鮭を焼く
鮭に酒を振ってからめる。ガス台のグリル（または焼き網）を中火で熱し、鮭をのせて4分ほど焼き、裏返してさらに4分ほど焼く。あら熱がとれたら、皮と骨をとり除き、身をこまかくほぐす。

4 いり卵を作る
なべに卵をときほぐし、調味用の材料を加える。菜箸4～6本をまとめて持ち、よくまぜながら弱めの中火にかける。卵がぽろぽろになったら、とり出す。

5 仕上げる
1のあら熱がとれたら、2、3、ごまを加えてさっくりとまぜ、器に盛って4をのせる。

おすすめ献立メニュー

おすしの味を引き立てる、煮物、汁物を添えて和風の献立に。
- たたきれんこんのきんぴら
  >> 67ページ
- ごぼうととうふの雷汁
  >> 75ページ

ごちそうごはんも、すぐ！
鮭といり卵の簡単まぜずし

1人分 **585**kcal　調理時間 **25**分

下ごしらえがめんどうなおすしも、具の選び方で意外とラクチン！
こんなに豪華！ おもてなしにも、ちょっとしたお祝いにもおすすめ。

Daily Recipe 099　なべ＋グリル＋電子レンジで

ごはん

チャーハンよりも、簡単！
ひき肉と根菜のいためまぜごはん

Daily Recipe 097 フライパンひとつでOK！

1人分 406kcal　調理時間 15分

ひき肉と野菜をいためて、ごはんにまぜるだけ。焦げつく心配もないし、油控えめでヘルシー。冷蔵庫の残り素材で、賢く作って！

材料（4人分）
あたたかいごはん4人分（600g）　鶏ひき肉200g　れんこん小1節（正味150g）　にんじん6cm　長ねぎ½本　サラダ油大さじ1　調味用［しょうゆ、砂糖、酒各大さじ1　塩小さじ½　あらびき黒こしょう少々］

1 下ごしらえをする
れんこんは皮をむき、縦1.5cm幅に切る。さらに縦1.5cm幅に切って横薄切りにし、酢水（分量外）に5分ほどさらして水けをふく。にんじんは皮をむき、2cm長さの細切りにする。長ねぎは縦四つ割りにし、横3mm幅に切る。

2 いためる
フライパンにサラダ油を中火で熱し、ひき肉を入れていためる。ひき肉の色が変わったら、1を加えていためる。全体に油が回ったら、調味用の材料を加えて汁けがなくなるまでいためる。

3 まぜる
ボウルにごはんを入れ、2を加えてさっくりとまぜ合わせる。

おすすめ献立メニュー

根菜たっぷりで食べごたえ満点なので、サブおかずには、さっぱりとしたものがマッチ。
● 玉ねぎとトマトのサラダ　≫ 57ページ

ごはんがあれば、即！
トマトジュースリゾット

Daily Recipe 098 フライパンひとつでOK！

1人分 416kcal　調理時間 15分

残りごはんがおいしく活用できる、とびっきりのレシピ。あさり缶とごはんをトマトジュースで煮れば、OK。チーズのコクがうれしい！

材料（4人分）
ごはん4人分（500g）　ベーコン2枚　あさり水煮缶1缶（80g）　玉ねぎ½個　キャベツ4枚　ピザ用チーズ60g　オリーブ油、バター各大さじ1　スープ［水1.5カップ　チキンコンソメ1個　トマトジュース2本（380g）　酒大さじ2］　塩約小さじ½　あらびき黒こしょう適量

1 下ごしらえをする
玉ねぎは横半分に切り、縦薄切りにする。キャベツは2cm四方に切る。ベーコンは1cm幅に切る。あさりは缶汁をきる。

2 いためる
フライパンにオリーブ油、バターを入れ、中火にかける。バターがとけたら、玉ねぎ、ベーコンを入れていため、玉ねぎがしんなりとしたら、キャベツを加えてさっといため合わせる。

3 煮る
スープの材料を加えてまぜ、煮立ったら、ごはん、あさりを加える。再び煮立ったら、3分ほど煮て、塩、あらびき黒こしょう少々を振り、ひと煮する。ピザ用チーズを加えて弱火にし、ふたをして2分ほど煮る。器に盛り、あらびき黒こしょう少々を振る。

おすすめ献立メニュー

いも類のサラダやいため物を選ぶと、彩りも栄養面のバランスも◎。
● じゃがいもとゆで卵のサラダ

ちょっと失敗しても、大丈夫！
ふんわり卵のっけオムライス

1人分 **496**kcal　調理時間 **15**分

子どもに人気絶大のオムライス。包むのが苦手な人でも、これならラクチン。ふわふわ卵とケチャップライスをいっしょに食べれば、至福のおいしさ！

材料（4人分）
- あたたかいごはん……4人分(500g)
- 卵………………………………4個
- 牛切り落とし肉………………150g
- 玉ねぎ…………………………1個
- エリンギ……………1パック(100g)
- 下味
  - 塩、こしょう…………各少々
- サラダ油…………………大さじ2
- 調味用
  - 酒、しょうゆ………各大さじ1
  - トマトケチャップ…大さじ4～5
- 牛乳………………………大さじ2
- バター……………………大さじ1

1　下ごしらえをする
玉ねぎは縦四つ割りにして、横薄切りにする。エリンギは長さを半分に切って縦半分に切り、縦薄切りにする。牛肉は、大きいものは食べやすい大きさに切り、下味の材料を振る。

2　ケチャップライスを作る
フライパンにサラダ油を中火で熱し、牛肉、玉ねぎを入れていためる。牛肉の色が変わったら、エリンギを加えてしんなりとするまでいため合わせ、調味用の材料を加えて手早くまぜる。ごはんを加えてほぐしながらいため、全体に調味料がなじんだら、器に盛る。

3　卵をいためる
ボウルに卵をときほぐし、牛乳を加えてまぜる。フライパンにバターを中火でとかし、卵液を流し入れて、大きくまぜながらいためる。卵が半熟状になったら、**2**にのせる。

おすすめ献立メニュー
具だくさんのスープがあれば、完ぺき。淡色野菜、緑黄色野菜をしっかりと。
- キャベツ、にんじん、玉ねぎのコンソメスープ

さらり、のどごしが、GOOD！
ツナととうふの冷や汁かけごはん

Daily Recipe 094 　火いらずで完成！

1人分 **404**kcal　調理時間 **10**分

昔ながらの冷や汁を、現代風にアレンジしました。食欲のないときや、暑い日におすすめのメニュー。一度作ると、また食べたくなる！

材料（4人分）
- あたたかいごはん………4人分(600g)
- ツナ水煮缶……………小2缶(160g)
- 木綿どうふ……………½丁(150g)
- きゅうり…………………1本
- 青じそ……………………10枚
- すり白ごま………………大さじ4
- みそ………………………大さじ4
- だし（冷ましたもの）……3カップ

1 下ごしらえをする
きゅうりは薄い輪切りにする。青じそはあらくちぎる。

2 まぜる
ボウルにツナを缶汁ごと入れ、ごま、みそを加え、だしを少しずつ注ぎながらよくまぜる。みそがとけたら、とうふを手でこまかくくずしながら加えてまぜ、きゅうり、青じそを加えてさっとまぜ合わせる。

3 仕上げる
器にごはんを盛り、2をかける。

おすすめ献立メニュー
さっぱり味のメインには、少しこってり味のサブおかずを添えてバランスよく。
● アスパラと鶏肉の明太マヨあえ
>> **57**ページ

とろ〜り、卵をからめて！
半熟卵のっけ牛丼

Daily Recipe 095　フライパンひとつでOK！

1人分 **611**kcal　調理時間 **15**分

おうちで作れば、具だくさん、しかもおいしい、そして安く作れます！
甘辛しっかり味の具に、卵をくずしながら食べると、たまらない！

材料（4人分）
- あたたかいごはん………4人分(800g)
- 牛切り落とし肉…………250g
- 卵…………………………4個
- 玉ねぎ……………………1個
- 紅しょうがの細切り（市販品）……適量
- 調味用
  - ┌ しょうゆ、砂糖、酒…各大さじ3〜4
  - └ だし……………………¾カップ
- 七味とうがらし…………少々

1 下ごしらえをする
玉ねぎは縦半分に切り、横5mm幅に切る。牛肉は、大きなものは食べやすい大きさに切る。

2 牛肉を煮る
フライパンに調味用の材料を入れて中火で煮立て、牛肉を加えてさっと煮る。牛肉の色が変わったら、とり出す。

3 玉ねぎ、牛肉、卵を煮る
2のフライパンにだしを入れる。煮立ったら、玉ねぎを加えて弱火にし、ふたをして5分ほど煮、2を戻し入れてさっとまぜる。4カ所にくぼみを作って卵を1個ずつ落とし入れ、再びふたをして、卵が半熟状になるまで1〜2分煮る。

4 仕上げる
器にごはんを盛って3をのせ、七味とうがらしを振る。紅しょうがを添える。

おすすめ献立メニュー
甘辛いしっかり味なので、酸味のあるものをサブおかずにして、味のメリハリを。
● ツナと水菜のポン酢マヨあえ
>> **108**ページ

コーンの甘みがアクセント！
コーン入りドライカレー

1人分 **620**kcal　調理時間 **20**分

時間のかかるカレーも、ひき肉を使えば、10分ほど煮れば完成！
コーンの甘みと野菜の持ち味で、グッと奥深い味わいに仕上がります！

Daily Recipe 093　フライパンひとつでOK!

ごはん

材料（4人分）
- あたたかいごはん……4人分（800g）
- 合いびき肉……300g
- 玉ねぎ……1個
- にんじん……小1本
- しょうが……1かけ
- コーン缶……小1缶（130g）
- サラダ油……大さじ1
- カレー粉……大さじ1〜2
- 小麦粉……小さじ1
- スープ
  - 水……1.5カップ
  - チキンコンソメ……1個
  - 酒、トマトケチャップ……各大さじ2
  - ウスターソース……小さじ1
- 塩……約小さじ1

1 下ごしらえをする
にんじんは皮をむき、玉ねぎとともにあらいみじん切りにする。しょうがは皮をむき、みじん切りにする。コーンは缶汁をきる。

2 いためる
フライパンにサラダ油を中火で熱し、玉ねぎ、にんじん、しょうがを入れていためる。玉ねぎがしんなりとしたらひき肉を加え、いため合わせる。ひき肉の色が変わったら、カレー粉、小麦粉を加えて手早くまぜ、スープの材料、コーンを加えてまぜる。

3 煮る
煮立ったらふたをし、ときどきまぜながら、汁けがほぼなくなるまで10分ほど煮る。塩、好みでカレー粉少々（分量外）を加えて味をととのえる。器にごはんを盛り、ドライカレーをのせる。

おすすめ献立メニュー

カレー味を引き立てる、あっさり味のサブおかずを選んで。酸味のあるものがマッチ。
● サニーレタスとゆで卵のサラダ

材料（4人分）
- あたたかいごはん …… 4人分(800g)
- 合いびき肉 …………………… 250g
- にんじん ……………………… 小1本
- ほうれんそう ……………… 小1束(200g)
- もやし ………………………… 1袋
- ひき肉の調味用
  - しょうゆ ………………… 大さじ2.5
  - 酒、砂糖 ………………… 各大さじ1.5
  - ごま油 …………………… 大さじ½
- 塩 …………………………… 少々
- にんじんの調味用
  - 塩 ………………………… 少々
  - ごま油 …………………… 小さじ1
- ほうれんそうの調味用
  - しょうゆ ………………… 大さじ1
  - すり白ごま ……………… 大さじ1
- もやしの調味用
  - おろしにんにく ………… 少々
  - いり白ごま ……………… 大さじ1
  - 塩 ………………………… 小さじ¼
  - ごま油 …………………… 大さじ1
- コチュジャン ………………… 適量

1 ひき肉を煮る
なべにひき肉と調味用の材料を入れ、菜箸でまぜながら中火にかける。ひき肉がぽろぽろになり、汁けがほぼなくなるまでいため煮にする。

2 野菜の下ごしらえをする
にんじんは皮をむき、斜め薄切りにしてから、せん切りにする。ほうれんそうは根元に十文字の切り込みを入れ、4cm長さに切る。

3 野菜をゆでる
なべにたっぷりの湯を沸かし、塩を入れる。にんじんを入れて20秒ほどゆで、とり出して水けをきる。同じ湯にもやしを入れ、1分ほどゆでてとり出し、水けをきる。さらに、ほうれんそうを入れてさっとゆで、冷水にとって冷まし、水けをしっかりとしぼる。

4 仕上げる
にんじんとほうれんそうはそれぞれボウルに入れ、調味用の材料を加えてあえる。別のボウルにもやしと調味用の材料のにんにく、塩を入れてさっとまぜ、残りの材料を加えてあえる。器にごはんを盛って1、野菜をのせ、コチュジャンを添える。

Daily Recipe 092 なべだけで作れる！

見た目もごちそう！
そぼろとたっぷり野菜のビビンバ

1人分 **626**kcal　調理時間 **20**分

ひき肉そぼろと3種のナムルをのせたどんぶりです。
具とごはんをよ〜くまぜて、どうぞ。
栄養バランスも抜群！

おすすめ献立メニュー
野菜たっぷりのメニューなので、簡単な汁物があればOK！
- えのきだけ入りかき玉汁
  >> 76ページ

大人気のごはんメニュー
フライパンパエリア

Daily Recipe 091　フライパンひとつでOK!

1人分 **595**kcal　調理時間 **50**分

人気しっかり定着、のパエリア。
具のうまみがしっかりとしみたごはんは、
とびっきりのおいしさです。手軽に作れるように、
カレー粉でアレンジしました！

ごはん

材料（4人分）
- 米 ………………… 2カップ（400ml）
- 鶏もも肉 ………… 1枚（250g）
- あさり（殻つき・砂出ししたもの）
　　　　　　　　　 300g
- パプリカ（赤） ……… 1個
- トマト ………………… 2個
- 玉ねぎ ………………… ½個
- にんにく ……………… 1かけ
- 下味
  - 塩 …………………… 小さじ⅓
  - こしょう …………… 少々
- オリーブ油 …………… 大さじ3
- 白ワイン ……………… 大さじ2
- カレー粉 ……………… 小さじ2
- スープ
  - 熱湯 ………………… 2.5カップ
  - チキンコンソメ …… 1個
  - 塩 …………………… 小さじ¾～1

1 あさりとパプリカの下ごしらえをする
あさりは殻と殻をこすり合わせるようによく水洗いをし、ざるに上げて水けをきる。パプリカは縦半分に切って、へたと種をとり、縦1cm幅に切る。

2 その他の下ごしらえをする
トマトはへたの部分にフォークを刺して直接火にかざし、皮がめくれてきたら冷水にとる。皮をむいて水けをきり、1cm角に切る。玉ねぎとにんにくはみじん切りにする。鶏肉は2cm角に切り、下味の材料をからめる。

3 いためる
フライパンにオリーブ油を中火で熱し、玉ねぎ、にんにく、鶏肉を入れていためる。鶏肉の色が変わったら、あさりを加えてさっといため合わせ、白ワインを振る。ふたをして2分ほど蒸し焼きにし、あさりの口が開いたら、あさりをとり出す。残りの具材をフライパンの端に寄せて、あいたところにカレー粉を入れ、さっといためる。トマトを加え、全体をいため合わせる。

4 炊く
スープの材料を加えてまぜ、煮立ったら米を加えて表面を平らにする。パプリカをのせ、再び煮立ったらふたをして弱火で15分ほど炊く。3のあさりをのせて強火にし、再びふたをして10秒ほど炊く。火を止めて、10分ほど蒸らす。

おすすめ献立メニュー
ボリュームがあるので、シンプルなサブおかずがあれば十分。
- スナップえんどうとハムのサラダ

チャーハン、炊き込みごはん、パスタ、焼きそば。休日のランチや時間のないときに大助かりの、ごはんとめんのレシピをとりそろえました！ 一品で食べごたえ満点！ しかも栄養バランスもいいものばかり！ まずはレシピどおりに作ってみて、マスターできたら素材や調味のアレンジをするのも、楽しい！

part 3

一品で完結！ボリュームもバランスも抜群！

ドカン！とごはん ＆めんメニュー

汁物

Daily Recipe **090**

野菜たっぷりスープ

1人分 **67**kcal　調理時間 **10**分

野菜の甘みと栄養がぎっしり詰まったスープ。

材料（4人分）
キャベツ……………………⅙個（200g）
玉ねぎ………………………½個
にんじん……………………⅓本
トマト………………………1個
サラダ油……………………大さじ1
スープ
　水…………………………4カップ
　チキンコンソメ…………1個
調味用
　白ワイン…………………大さじ1
　塩…………………………小さじ1弱
　こしょう…………………少々

1 キャベツは2cm幅の短冊切りにする。玉ねぎは横薄切りにする。にんじんは皮をむき、薄い半月切りにする。トマトは縦四つ割りにしてへたを除き、横1cm幅に切る。
2 なべにサラダ油を中火で熱し、玉ねぎ、にんじんを入れていためる。玉ねぎがしんなりとしたらキャベツを加え、さっといため合わせる。
3 全体に油が回ったら、スープの材料を加えて煮立て、弱火にしてアクをとり、ふたをして3～5分煮る。調味用の材料、トマトを加えてひと煮し、器に盛る。

Daily Recipe **089**

レタスと わかめのスープ

1人分 **25**kcal　調理時間 **10**分

シンプルだけど、おいしさとびっきり。

材料（4人分）
レタス………………………100～150g
塩蔵わかめ…………………20g
いり白ごま…………………少々
スープ
　水…………………………4カップ
　酒…………………………大さじ1
　鶏ガラスープのもと……小さじ1
しょうゆ……………………小さじ2
塩……………………………小さじ½
ごま油………………………少々

1 わかめは水洗いをし、水に2分ほどつけてもどし、水けをしぼって一口大に切る。レタスは一口大にちぎる。
2 なべにスープの材料を入れ、強火にかける。煮立ったら、中火にしてアクをとり、しょうゆ、塩を加えて調味する。
3 1を加えてひと煮し、器に盛って、ごま、ごま油を振る。

Daily Recipe 087

かぼちゃの豆乳ポタージュ

1人分 **119**kcal　調理時間 **25**分

かぼちゃと豆乳でやさしい味わい。

材料（4人分）
かぼちゃ……………大1/8個（正味200g）
玉ねぎ………………………………1/4個
豆乳………………………………1.5カップ
バター………………………………大さじ1.5
チキンコンソメ………………………1個
塩、あらびき黒こしょう………各少々

1 かぼちゃはわたと種をとり除き、皮つきのまま縦1cm幅に切って長さを2～3等分に切る。玉ねぎは横薄切りにする。
2 なべにバターを入れて弱火でとかし、玉ねぎを入れていためる。しんなりとしたら中火にし、かぼちゃを加えてさっといため合わせ、水2カップ、チキンコンソメを加える。
3 煮立ったら、弱めの中火にしてアクをとり、ふたをして15分ほど煮る。かぼちゃがやわらかくなったら、マッシャーなどでこまかくつぶし、豆乳を加えてまぜる。煮立ちそうになったら火を止めて、塩で味をととのえ、器に盛ってあらびき黒こしょうを振る。

Daily Recipe 088

えのきだけ入りかき玉汁

1人分 **53**kcal　調理時間 **5**分

ふんわり卵と磯の香りが、口の中でふわっ。

材料（4人分）
えのきだけ……………………1袋(100g)
卵……………………………………2個
焼きのり（全形）……………………適量
だし…………………………………4カップ
調味用
□ 塩、しょうゆ、酒……各小さじ1
かたくり粉…………………………小さじ1

1 えのきだけは根元を落とし、長さを半分に切ってほぐす。ボウルに卵をときほぐす。
2 なべにだしを入れて中火で煮立て、調味用の材料、えのきだけを加える。再び煮立ったら、かたくり粉を水小さじ2でといて加え、とろみがついたら、とき卵を静かに流し入れる。
3 卵が半熟状になったら器に盛り、焼きのりをあらくちぎってのせる。

汁物

Daily Recipe 085

ごぼうととうふの雷汁

1人分 **129**kcal　調理時間 **15**分

とうふをごま油でいためるときの音が由来。

材料（4人分）

ごぼう	小1本(100g)
木綿どうふ	1丁(300g)
ごま油	大さじ1.5
だし	3カップ

調味用
- 薄口しょうゆ……大さじ2〜2.5
- みりん……大さじ1

粉ざんしょう……少々

1 ごぼうは皮をこそげて縦半分に切り、斜め薄切りにする。水に5分ほどさらして水けをふく。とうふはキッチンペーパーで水けをふく。

2 なべにごま油を中火で熱し、ごぼうを入れていためる。透き通ってきたら、とうふをおおまかにちぎりながら加えてさっといため合わせ、だしを加える。

3 煮立ったら弱めの中火にしてアクをとり、ふたをして3〜5分煮る。調味用の材料を加えてひと煮し、器に盛って粉ざんしょうを振る。

Daily Recipe 086

とん汁

1人分 **238**kcal　調理時間 **20**分

人気の汁物を大根とにんじんでシンプルに。

材料（4人分）

大根	10〜12cm(350g)
大根の葉	少々
にんじん	1本
豚バラ薄切り肉	150g
サラダ油	大さじ1
だし	4カップ
みそ	大さじ3.5〜4

1 大根は皮をむき、5mm厚さのいちょう切りにする。大根の葉は3mm幅に切る。にんじんは皮をむき、5mm厚さの半月切りにする。豚肉は3cm長さに切る。

2 なべにサラダ油を中火で熱し、大根、にんじんを入れていためる。全体に油が回ったら、豚肉を加えてさっといため合わせ、だしを加える。

3 煮立ったら、弱めの中火にしてアクをとり、ふたをして10分ほど煮る。大根の葉を加えてひと煮し、みそを煮汁でといて加える。

汁 物

Daily Recipe **084**

えのきだけともずくの スープ

1人分 **18**kcal　調理時間 **5**分

黒こしょうでキリッと味を引き締めて。

材料（4人分）
えのきだけ············1袋(100g)
生もずく（味のついていないもの）
·····························100g
スープ
　水·······················4カップ
　チキンコンソメ············1個
　酒····························大さじ1
調味用
　薄口しょうゆ············大さじ1
　塩····························少々
あらびき黒こしょう·········少々

1 えのきだけは根元を切り、長さを半分に切ってほぐす。
2 もずくはざるに入れ、さっと水洗いをして水けをきり、食べやすい長さに切る。
3 なべにスープの材料を入れて中火で煮立て、1を加えてひと煮する。調味用の材料、2を加えてさっと煮、器に盛ってあらびき黒こしょうを振る。

Daily Recipe **083**

大根とザーサイの スープ

1人分 **43**kcal　調理時間 **10**分

ごま油でいためて香りよく仕上げます。

材料（4人分）
大根·····························5cm
ザーサイ（ビン詰め）·········40g
万能ねぎの小口切り·········少々
ごま油·····················大さじ1
スープ
　水·······················4カップ
　酒····························大さじ1
　鶏ガラスープのもと······小さじ1
調味用
　しょうゆ·················小さじ1
　塩、こしょう············各少々

1 大根は皮をむき、3mm幅の細切りにする。ザーサイはせん切りにする。
2 なべにごま油を中火で熱し、大根を入れていためる。透き通ってきたら、ザーサイ、スープの材料を加える。
3 煮立ったら、調味用の材料を加えてひと煮し、器に盛って万能ねぎを散らす。

いため物

Daily Recipe 078
根菜と牛肉の ごまみそいため

1人分 **253**kcal　調理時間 **10**分

ごまをたっぷり加えて、コクと風味いっぱい。

材料（4人分）
れんこん･････････････････1節（200g）
にんじん･････････････････小1本
牛こまぎれ肉････････････200g
下味
　┌しょうゆ、酒･･････････各大さじ½
　└ごま油･･･････････････大さじ2
調味用
　┌すり白ごま、みそ･･････各大さじ2
　└砂糖、酒、水･･････････各大さじ1

1 牛肉は下味の材料をからめておく。
2 れんこんは皮をむいて2～3mm厚さの半月切りにし、酢水（分量外）にさっとさらして水けをきる。にんじんは皮をむき、斜め薄切りにして、縦3mm幅に切る。
3 フライパンにごま油を強火で熱し、**1**を入れていためる。牛肉の色が変わったら、**2**を加えていため合わせる。全体に油が回ったら、調味用の材料をまぜてから加え、手早くからめて器に盛る。

Daily Recipe 077
厚揚げ入りホイコーロー

1人分 **277**kcal　調理時間 **15**分

順序よくいためてシャッキリと仕上げて。

材料（4人分）
キャベツ･････････････････⅙個（200g）
ピーマン･････････････････2個
長ねぎ･･･････････････････1本
にんにくのみじん切り････1かけ分
厚揚げ･･･････････････････1枚（250g）
豚バラ薄切り肉･･････････100g
サラダ油･････････････････大さじ2
甜麺醤（テンメンジャン）･････････大さじ1
豆板醤（トウバンジャン）･････････大さじ½
調味用
　┌しょうゆ････････････････大さじ1.5
　│酒････････････････････大さじ1
　│酢････････････････････小さじ1
　└こしょう･･････････････少々

1 キャベツはざく切りにする。ピーマンは縦半分に切ってへたと種をとり、一口大の乱切りにする。長ねぎは5mm幅の斜め切りにする。厚揚げはキッチンペーパーで押さえて余分な油をふき、横7mm幅に切る。豚肉は一口大に切る。
2 フライパンにサラダ油を中火で熱し、豚肉を入れていためる。豚肉の色が変わったら厚揚げを加え、さっといため合わせて、にんにく、甜麺醤、豆板醤を加えていためる。
3 香りが立ったら強火にし、長ねぎ、ピーマン、キャベツを順に加えて、いため合わせる。全体に油が回ったら、調味用の材料を加えて手早くまぜ、キャベツが少ししんなりとしたら、器に盛る。

Daily Recipe 076

なす、トマト、牛肉の さっぱりいため

1人分 **169**kcal　調理時間 **15**分

甘ずっぱいフレッシュトマトが、味の決め手。

材料（4人分）

なす	2個
トマト	2個
万能ねぎの小口切り	適量
牛切り落とし肉	150g

下味
- 塩、こしょう……各少々
- 酒……大さじ1
- かたくり粉、サラダ油…各大さじ½

サラダ油……大さじ1

調味用
- しょうゆ、酢、砂糖、オイスターソース……各大さじ1
- あらびき黒こしょう……少々

1 なすはへたを落として一口大の乱切りにし、塩水（分量外）に5分ほどさらして水けをふく。トマトは縦半分に切ってへたを除き、一口大の乱切りにする。牛肉は下味の材料の塩、こしょう、酒を振り、かたくり粉、サラダ油の順にまぶす。

2 フライパンにサラダ油を中火で熱し、なすを入れていためる。全体に油が回ったらなすをフライパンの端に寄せ、あいたところに牛肉を加えて強火でいためる。

3 牛肉の色が変わったら、調味用の材料をまぜてから加え、なすも合わせて全体を手早くまぜる。トマトを加えてさっといため合わせ、器に盛って万能ねぎを散らす。

いため物

Daily Recipe 075

もやしのオイスター カレーいため

1人分 **59**kcal　調理時間 **5**分

手早くいためて、
シャキシャキ感を残すのが秘訣。

材料（4人分）

もやし	1袋
サラダ油	大さじ1.5
カレー粉	小さじ1

調味用
- オイスターソース、酒……各小さじ2
- 塩、あらびき黒こしょう……各少々

1 フライパンにサラダ油を中火で熱し、もやしを入れて1分ほどいため、カレー粉を振ってまぜる。

2 カレー粉が全体になじんだら、調味用の材料を加え、手早くからめる。

Daily Recipe 072

キャベツとしょうがのソースいため

1人分 **55**kcal　調理時間 **5**分

たっぷりしょうが＋ウスターソースでさっぱりと。

材料（4人分）
- キャベツ……………1/4個（300g）
- しょうが………………………2かけ
- オリーブ油…………………大さじ1
- ウスターソース……………大さじ2

1 キャベツは芯をとり、縦3cm幅、横4cm幅に切る。しょうがは皮をむいてせん切りにする。
2 フライパンにオリーブ油を中火で熱し、しょうがを入れていためる。香りが立ったら強火にし、キャベツを2回に分けて加え、いため合わせる。
3 全体に油が回ったらウスターソースを加え、手早くまぜる。

Daily Recipe 073

水菜とじゃこのいため物

1人分 **75**kcal　調理時間 **10**分

市販のめんつゆを使うから、味つけの失敗なし。

材料（4人分）
- 水菜……………………1束（200g）
- ちりめんじゃこ……………大さじ3
- オリーブ油…………………大さじ2
- 調味用
  - めんつゆ（市販品・3倍濃縮）
  　………………………………大さじ1
  - 塩、こしょう………………各少々

1 水菜は5cm長さに切る。
2 フライパンにオリーブ油を中火で熱し、ちりめんじゃこを入れていためる。カリッとしたら強火にし、水菜の茎、葉の順に加えて、さっといため合わせる。
3 調味用の材料を加えて手早くからめ、器に盛る。

Daily Recipe 074

じゃがいも、にんにくの芽、牛肉のオイスターいため

1人分 **250**kcal　調理時間 **15**分

栄養バランス抜群の、元気になるおかず。

材料（4人分）
- じゃがいも………………………2個
- にんにくの芽………小1束（100g）
- 牛切り落とし肉………………200g
- 下味
  - しょうゆ、酒、かたくり粉、
  　サラダ油…………………各小さじ1
- サラダ油……………………大さじ2
- 調味用
  - オイスターソース、酒
  　………………………各大さじ1.5～2
  - 塩、あらびき黒こしょう…各少々

1 じゃがいもは皮をむいて細切りにし、水に5分ほどさらして水けをふく。にんにくの芽は5cm長さに切る。牛肉は下味の材料のしょうゆ、酒を振り、かたくり粉、サラダ油を順にまぶす。
2 フライパンにサラダ油大さじ1を中火で熱し、牛肉を入れていためる。牛肉の色が変わったら、とり出す。
3 2にサラダ油大さじ1を足して中火で熱し、にんにくの芽を入れていためる。色が鮮やかになったら、じゃがいもを加え、じゃがいもが透き通るまでいため合わせる。**2**を戻し入れて調味用の材料を加え、手早くまぜる。

いため物

フライパンひとつでササッと作れる、うれしい、おいしいレシピです。
おなじみの定番中華から、アイディアたっぷりの和風、
洋風メニューも勢ぞろい！ メインのおかずに合わせて選んで。

Daily Recipe **071**

チンゲンサイと
エリンギの
にんにくいため

1人分 **59**kcal　調理時間 **10**分

にんにくの風味で野菜をグッとおいしく。

材料（4人分）
チンゲンサイ……………大2株（300g）
エリンギ…………………1パック（100g）
にんにく…………………1かけ
サラダ油…………………大さじ1.5
調味用
　塩………………………小さじ1/2
　鶏ガラスープのもと……小さじ1/4
　酒………………………大さじ1

1 チンゲンサイは葉と茎に切り分け、茎は縦八つ〜十割りにする。エリンギは、大きいものは長さを半分に切り、縦半分に切ってさらに縦5mm幅に切る。にんにくは包丁の腹でつぶす。

2 フライパンにサラダ油、にんにくを入れ、弱火にかける。香りが立ったら中火にし、チンゲンサイの茎を入れてさっといためる。全体に油が回ったら強火にし、エリンギを加えていため合わせる。

3 エリンギがしんなりとしたら、チンゲンサイの葉を加えて大きくまぜ、調味用の材料を加えて手早くからめる。

いため物

煮物

Daily Recipe 069

たたきれんこんのきんぴら

1人分 **96**kcal　調理時間 **10**分

サクサクの食感が楽しい。おべんとうのおかずにも。

材料（4人分）
- れんこん……小2節（正味300g）
- 赤とうがらし……1本
- ごま油……大さじ1
- 調味用
  - だし……大さじ3
  - しょうゆ……大さじ1強
  - みりん……大さじ1.5

1 れんこんは皮をむいて縦四つ割りにし、すりこ木などでたたいてひびを入れ、食べやすい大きさにほぐす。酢水（分量外）に5分ほどさらして水けをふく。

2 なべにごま油を中火で熱し、**1**を入れていためる。透き通ってきたら、赤とうがらしを加えてさっといため合わせ、調味用の材料を加える。

3 煮立ったら、ふたをして2〜3分煮る。ふたをとり、汁けをとばすようにいため煮にする。

Daily Recipe 070

ブロッコリー、長ねぎ、ハムのクリーム煮

1人分 **170**kcal　調理時間 **15**分

まろやかでクリーミー。メインが洋風の日に。

材料（4人分）
- ブロッコリー……1個（正味250g）
- 長ねぎ……½本
- ハム……3枚
- サラダ油……少々
- 塩……適量
- バター……大さじ2
- 小麦粉……大さじ3
- チキンコンソメ……½個
- 牛乳……1カップ
- こしょう、しょうゆ……各少々

1 ブロッコリーは小房に切り分け、さらに縦2〜3等分に切る。茎は厚めに皮をむき、一口大の乱切りにする。長ねぎは5mm幅の小口切りにする。ハムは6〜8等分の放射状に切る。

2 フライパンにサラダ油を中火で熱し、ブロッコリー、塩少々を入れてさっといため、水大さじ2を加える。ふたをして1〜2分蒸し煮にし、ざるに上げて水けをきる。

3 フライパンにバターを入れて弱火でとかし、長ねぎ、小麦粉の順に加えて手早くいためる。バターがなじんだら、水½カップ、チキンコンソメ、牛乳を加えてまぜ、2分ほど煮る。

4 **2**、ハムを加えてひと煮し、塩少々、こしょう、しょうゆを加えて味をととのえる。

Daily Recipe 068

じゃがいもと ちくわのみそ煮

1人分 **185**kcal　調理時間 **25**分

ほんのり甘いみそ味が、あとを引きます。

材料（4人分）
じゃがいも …………………… 4個
ちくわ ………………… 大1本（90g）
サラダ油 ……………………… 大さじ1
だし ……………………………… 適量
酒、砂糖 ………………… 各大さじ1
みそ …………………………… 大さじ1.5
七味とうがらし ………………… 少々

1 じゃがいもは皮をむいて1.5cm厚さの半月切りにし、水に5分ほどさらして水けをきる。ちくわは1cm厚さの輪切りにする。
2 なべにサラダ油を中火で熱し、じゃがいもを入れてさっといため、だし1.5カップを加える。
3 煮立ったら、弱めの中火にしてアクをとり、酒、砂糖、ちくわを加えてふたをし、12分ほど煮る。みそをだし大さじ2でといてから加え、ひと煮する。器に盛り、七味とうがらしを振る。

煮物

Daily Recipe 067

チンゲンサイと かにかまのとろみ煮

1人分 **63**kcal　調理時間 **10**分

あんでとろみをつけて、おいしさを閉じ込めます。

材料（4人分）
チンゲンサイ ………… 大2株（300g）
しょうが ………………………… 1かけ
かに風味かまぼこ …… 小8本（80g）
ごま油 ………………………… 大さじ1
調味用
　┌ 水 …………………………… 1カップ
　│ 鶏ガラスープのもと … 小さじ1
　│ 酒 …………………………… 大さじ1
　│ 塩 …………………………… 小さじ1/2
　└ こしょう …………………… 少々
かたくり粉 …………………… 小さじ2

1 チンゲンサイは葉と茎に切り分け、茎は縦六つ割りにする。しょうがは皮をむき、せん切りにする。かに風味かまぼこは食べやすい大きさにほぐす。
2 フライパンにごま油を中火で熱し、しょうが、チンゲンサイの茎を入れていためる。全体に油が回ったら、チンゲンサイの葉を加えてさっといため合わせ、調味用の材料を加えてまぜる。
3 煮立ったら、かに風味かまぼこを加えてふたをし、1分ほど煮る。かたくり粉を水大さじ1強でといて加え、ひと煮する。

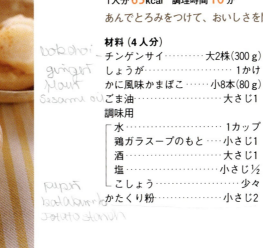

Daily Recipe 065

コーン、豚肉、おからの煮物

1人分 **194**kcal　調理時間 **15**分

野菜たっぷり、栄養満点のうれしい一品。

材料（4人分）
コーン缶	小1缶（130g）
長ねぎ	1本
豚切り落とし肉	100g
おから	150g
卵	1個
サラダ油	大さじ1.5

煮汁
- だし……1¾カップ
- 酒……大さじ2
- しょうゆ、砂糖……各大さじ1
- 塩……小さじ⅓
- 酢……小さじ1

1 コーンは缶汁をきる。長ねぎは1cm幅の斜め切りにする。豚肉は1.5cm幅に切る。ボウルに卵をときほぐす。

2 フライパンにサラダ油を中火で熱し、豚肉を入れていためる。豚肉の色が変わったら、長ねぎ、コーン、おからを加えていため合わせ、全体に油が回ったら、煮汁の材料を加えてまぜる。

3 煮立ったら弱火にし、ふたをして5〜8分煮る。汁けが少なくなったら、とき卵を全体に回し入れて大きくまぜ、卵に火が通ったら器に盛る。

Daily Recipe 066

かぼちゃの薄味煮

1人分 **98**kcal　調理時間 **20**分

かぼちゃの甘みを生かした、やさしい味わい。

材料（4人分）
- かぼちゃ……大¼個（正味400g）

煮汁
- 水……1カップ
- 酒、しょうゆ、砂糖……各大さじ1

1 かぼちゃはわたと種をとり除き、一口大に切る。

2 なべにかぼちゃの皮の面を下にして入れ、煮汁の材料を加えてふたをし、中火にかける。煮立ったら弱火にし、10分ほど煮る。火を止め、そのまま5分ほどおいて味をなじませる。

煮 物

Daily Recipe 064

水菜と厚揚げの煮びたし

1人分 **121**kcal　調理時間 **5**分

うまみ満点の煮汁ごと、どうぞ。

材料（4人分）
水菜‥‥‥‥‥‥‥‥‥‥1束（200g）
厚揚げ‥‥‥‥‥‥‥‥‥1枚（250g）
だし‥‥‥‥‥‥‥‥‥‥‥1.5カップ
調味用
[薄口しょうゆ、みりん‥‥各大さじ2

1 水菜は5cm長さに切る。厚揚げはざるに入れて熱湯を回しかけ、水けをきる。縦半分に切り、1cm幅に切る。
2 なべにだし、厚揚げを入れて中火で煮立て、調味用の材料を加えて2分ほど煮る。水菜の茎、葉を順に加え、上下を返す。水菜の葉がしんなりとしたら器に盛る。

Daily Recipe 063

ピーマン、しめじ、ひじきのいため煮

1人分 **67**kcal　調理時間 **10**分　＊ひじきをもどす時間は除く。

多めに作ってストックしておくと、重宝。

材料（4人分）
ピーマン‥‥‥‥‥‥‥‥‥‥‥4個
しめじ‥‥‥‥‥‥‥‥‥1パック（100g）
芽ひじき（乾）‥‥‥‥‥‥‥‥20g
オリーブ油‥‥‥‥‥‥‥‥大さじ1
調味用
[水‥‥‥‥‥‥‥‥‥‥‥大さじ3
 酒、しょうゆ、みりん‥‥各大さじ1
 オイスターソース‥‥‥‥大さじ½
 こしょう‥‥‥‥‥‥‥‥‥‥少々

1 ひじきはさっと水洗いし、水に20分ほどつけてもどし、水けをしぼる。ピーマンは縦半分に切ってへたと種をとり、縦1cm幅に切る。しめじは石づきをとり、ほぐす。
2 フライパンにオリーブ油を中火で熱し、ひじき、しめじ、ピーマンの順に入れていためる。全体に油が回ったら、調味用の材料を加えて煮立て、ふたをして2分ほど蒸し煮にする。
3 ふたをとって強火にし、汁けをとばしながらいため煮にする。

煮物

Daily Recipe 062
かぶとベーコンのカレー煮

1人分 **70**kcal　調理時間 **10** 分

子どもにも人気のカレー風味。
ごはんにもパンにも。

材料（4人分）
```
かぶ……………………小5個（正味300g）
かぶの葉………………………………100g
ベーコン………………………………3枚
カレー粉……………………………小さじ½
煮汁
 ┌ だし………………………………1¼カップ
 │ 酒…………………………………大さじ1
 │ しょうゆ………………………… 小さじ1
 └ 塩………………………………… 小さじ¾
```

1 かぶは皮をむき、縦六～八つ割りにする。かぶの葉は3cm長さに切る。ベーコンは2cm幅に切る。

2 なべを中火で熱し、ベーコンを入れてさっといためる。カレー粉を振って手早くまぜ、煮汁の材料、かぶを加える。

3 煮立ったら、弱火にしてふたをし、2～3分煮る。かぶの葉を加えてひと煮する。

Daily Recipe 061
さつまいものレモン煮

1人分 **147**kcal　調理時間 **25** 分

すっきりとしたレモンの酸味が、
アクセント。

材料（4人分）
```
さつまいも……………………2本（400g）
レモンの輪切り………………………… 2枚
砂糖……………………………………大さじ3
```

1 さつまいもは皮つきのままよく水洗いをし、両端を切り落とす。5mm厚さの輪切りにして水に5分ほどさらし、水けをきる。レモンは皮をむく。

2 なべ（あればステンレスかホウロウ）に1、水1カップ、砂糖を入れて落としぶたをし、さらにふたをして中火にかける。煮立ったら弱火にして15分ほど煮る。

Daily Recipe 060
玉ねぎとソーセージのコンソメ煮

1人分 **171**kcal　調理時間 **10** 分

玉ねぎの甘みがしみて、
格別のおいしさに。

材料（4人分）
```
玉ねぎ…………………………………… 2個
ウインナソーセージ…………………… 6本
スープ
 ┌ 水………………………………1¼カップ
 │ チキンコンソメ………………………1個
 └ 酒………………………………… 大さじ2
薄口しょうゆ………………… 大さじ1～1.5
```

1 玉ねぎは縦半分に切り、1.5cm幅のくし形に切る。ソーセージは1cm幅の斜め切りにする。

2 なべにスープの材料、玉ねぎ、ソーセージを順に入れ、ふたをして中火にかける。煮立ったら弱火にし、5～8分煮る。薄口しょうゆを加えて味をととのえる。

煮物

野菜の持ち味を生かした、シンプルな煮物をラインナップしました。
和風の献立にはもちろん、洋風、中華風のメニューにも。
冷蔵庫の残り野菜をじょうずに活用して作りましょう。

Daily Recipe **059**

小松菜とさつま揚げのさっと煮

1人分 **82**kcal　調理時間 **10**分

しみじみとしたやさしい味が、大人気。

材料（4人分）
小松菜……………………1束（300g）
しょうが……………………1かけ
さつま揚げ………………2枚（120g）
煮汁
　だし……………………2カップ
　しょうゆ、みりん………各大さじ2

1 小松菜は、根元に十文字の切り込みを入れ、4cm長さに切る。しょうがは皮をむいて薄切りにする。
2 さつま揚げはざるに入れて熱湯を回しかけ、水けをきって5mm幅に切る。
3 なべに煮汁の材料、しょうが、**2**を入れ、中火にかける。煮立ったら、小松菜の茎、葉を順に加えてひと煮する。

Daily Recipe 057
せん切りじゃがいものナムル

1人分 124kcal　調理時間 10分

ごま油の風味、じゃがいもの
シャキシャキ感が美味。

材料（4人分）
じゃがいも（あればメークイン）…… 3個
すり白ごま ………………… 大さじ1.5
塩 …………………………… 小さじ1
調味用
　┌ ねぎのあらいみじん切り …… 3cm分
　│ おろしにんにく ………… ⅓かけ分
　└ 塩、砂糖 ………………… 各小さじ½
ごま油 ……………………… 大さじ1

1 じゃがいもは皮をむいてせん切りにし、水に3分ほどさらして水けをきる。
2 なべにたっぷりの湯を沸かし、塩、1を入れて30秒ほどゆでる。ざるに上げて水けをきり、よく冷ます。
3 ボウルに調味用の材料を入れてまぜ、2を加えてあえる。ごま油、ごまを加え、さらにまぜ合わせる。

Daily Recipe 058
ほうれんそうのごまみそあえ

1人分 77kcal　調理時間 5分

すり黒ごまの香りが、豊かに広がります。

材料（4人分）
ほうれんそう ………… 1束（300g）
塩 …………………………… 少々
しょうゆ ………………… 大さじ½
調味用
　┌ みそ、砂糖 ……………… 各大さじ1
　└ すり黒ごま ……………… 大さじ4

1 ほうれんそうは、根元に十文字の切り込みを入れ、塩を入れた熱湯で1分ほどゆでる。水にとって冷まし、水けをしぼって4cm長さに切る。
2 バットに1を入れてしょうゆを振りかけ、汁けをしぼる。
3 ボウルに調味用の材料を入れてよくまぜ、2を加えてあえる。

サラダ・あえ物

Daily Recipe **056**

レタスとトマトの
玉ねぎドレッシング

1人分 **56**kcal　調理時間 **10**分

すりおろした玉ねぎの独特の甘みが、とびっきり。

材料（4人分）

サニーレタス	大2枚
トマト	2個
ドレッシング	
おろし玉ねぎ	大さじ1
ポン酢しょうゆ（市販品）	大さじ3
ごま油	大さじ1
こしょう	少々

1 ボウルにドレッシングの材料を入れてまぜ、10分ほどおいて味をなじませる。
2 サニーレタスは一口大にちぎる。トマトは縦四つ割りにしてへたを除き、横1cm幅に切る。
3 2を合わせて器に盛り、1をかける。

Daily Recipe **055**

セロリと
グレープフルーツの酢の物

1人分 **41**kcal　調理時間 **10**分

グレープフルーツのさわやかな香りが、セロリとマッチ。

材料（4人分）

セロリ	大1本
グレープフルーツ	1個
塩蔵わかめ	15g
調味用	
砂糖	大さじ1〜1.5
酢	大さじ1
塩	小さじ¼

1 わかめは水洗いをし、水に2分ほどつけてもどし、水けをきる。熱湯にさっとくぐらせて冷水にとり、水けをしぼって一口大に切る。
2 セロリは筋を除いて5cm長さに切り、縦薄切りにする。冷水にさらし、水けをふく。グレープフルーツは皮をむき、薄皮を除いて食べやすい大きさにほぐす。
3 ボウルに調味用の材料を入れてまぜ、1、2を加えてあえる。

サラダ・あえ物

Daily Recipe 054

もやしとゆで豚の
ゆかりあえ

1人分 **58**kcal　調理時間 **5**分　＊冷ます時間は除く。

ゆかり粉のさわやかな香りが、アクセント。

材料（4人分）
もやし……………………………… 1袋
豚薄切り肉（しゃぶしゃぶ用）…… 100g
ゆかり粉………………… 小さじ1.5〜2
塩、酒……………………………… 各少々

1 なべにたっぷりの湯を沸かして塩を入れ、もやしを加えて1分ほどゆでる。ざるにとり出して水けをきり、冷ます。
2 1のなべに酒を入れ、豚肉を加えて、ほぐしながら弱火でゆでる。豚肉の色が変わったらざるに上げ、水けをきって冷まし、一口大にちぎる。
3 ボウルに1、2、ゆかり粉を入れて、あえる。

Daily Recipe 053

スナップえんどうと
パプリカの梅マヨあえ

1人分 **88**kcal　調理時間 **10**分

梅の酸味、マヨネーズのコクが絶妙バランス。

材料（4人分）
スナップえんどう………………… 100g
パプリカ（黄）…………………… 1個
ちくわ……………………………… 小1本
塩、砂糖………………………… 各小さじ1
調味用
┌ 梅肉……………………… 小さじ2/3〜1
│ マヨネーズ………………… 大さじ2
│ すり白ごま………………… 大さじ1
└ しょうゆ………………… 小さじ1/3〜1/2

1 スナップえんどうはへたと筋をとる。パプリカは縦半分に切ってへたと種をとり、縦二〜三つ割りにする。
2 なべに湯を沸かして塩、砂糖を入れ、パプリカを加えてさっとゆで、とり出して冷水にとる。同じ湯にスナップえんどうを加えて1〜2分ゆで、冷水にとる。それぞれ水けをふき、パプリカは横5mm幅、スナップえんどうは斜め半分に切る。
3 ちくわは5mm厚さの輪切りにする。
4 ボウルに調味用の材料を入れてまぜ、2、3を加えてあえる。

Daily Recipe 052

アスパラとエリンギの焼きびたし

1人分 **150**kcal　調理時間 **20**分

焼き目の香ばしさが、おいしさのもと。

材料（4人分）
グリーンアスパラガス……… 2束(12本)
エリンギ……………… 1パック(100g)
つけ汁
　だし……………………… ½カップ
　しょうゆ………………… 大さじ1.5
　みりん…………………… 大さじ1
サラダ油…………………… 大さじ1

1 アスパラガスは根元のかたい部分を落とし、根元から5〜6cmくらいのところまで皮をむいて長さを半分に切る。エリンギは食べやすい大きさに縦に裂く。
2 なべにつけ汁の材料を入れ、強火にかける。煮立ったら、火を止める。
3 1にサラダ油をからめ、中火で熱したガス台のグリル(または焼き網)にのせて全体を焼く。こんがりとしたら、熱いうちに2に加え、10分ほどおく。

サラダ・あえ物

Daily Recipe 051

にんじんの
シンプルサラダ

1人分 **54**kcal　調理時間 **15**分

にんじんの薄切りも、
ピーラーを使えば超ラクチン。

材料（4人分）
にんじん………………… 2本(300g)
塩…………………………… 小さじ½
ドレッシング
　オリーブ油、酢………… 各大さじ1
　あらびき黒こしょう………… 少々

1 にんじんは皮をむき、ピーラーで縦に細長い薄切りにする。ボウルに入れて塩を振り、10分ほどおいて水けをしぼる。
2 ボウルに1、ドレッシングの材料を入れ、よくあえる。

油揚げ 冷凍テク

冷凍、解凍しても、味、食感が変わらないので冷凍向きの素材。常備しておくと、とても便利。

テクその1　1枚ずつラップに包んで　保存期間：2週間以内に使いきる

油揚げは、余分な油をキッチンペーパーに吸わせるか、熱湯をかけて油抜きをし、水けをきって冷ます。1枚ずつラップでぴったりと包み、トレーにのせて冷凍する。完全に凍ったら、冷凍用保存袋に入れて再び冷凍室へ。使うときも、凍ったままでOK。

テクその2　刻んで冷凍　保存期間：2週間以内に使いきる

油揚げの余分な油をキッチンペーパーに吸わせるか、熱湯をかけて油抜きをして冷まし、水けをしぼって刻んで冷凍する。刻んだら、ラップで包んで冷凍用保存袋に入れて平らにし、トレーにのせて冷凍を。使う分だけとり出せるので、毎日のみそ汁作りなどに重宝する。

こんなメニューに！

Daily Recipe 046

油揚げとセロリのみそいため

1人分 **105**kcal　調理時間 **10**分

セロリの香りと食感が、やみつきになる味。

材料（4人分）
まるごと冷凍した油揚げ……1枚
セロリ……………………大2本
調味用
└ みそ、みりん、酒…各大さじ1.5
サラダ油……………………大さじ1.5
一味とうがらし………………少々

1　冷凍油揚げは凍ったまま縦半分に切り、5mm幅に切る。セロリは茎と葉に分け、茎は筋をとって縦半分に切り、斜め薄切りにする。葉はざく切りにする。
2　ボウルに調味用の材料を入れ、よくまぜる。
3　フライパンにサラダ油を中火で熱し、セロリの茎を入れていためる。少ししんなりとしたら、油揚げ、セロリの葉を加えてさっといため合わせ、2を加えて手早くからめる。器に盛り、一味とうがらしを振る。

Point
みそはそのまま入れると、食材にうまくからまないので、あらかじめ、みりんと酒でときのばしておきます。

その他の大豆製品の冷凍テク

下味をつけて

添付のタレやしょうゆで味をつけ、菜箸などで軽くまぜる。ラップに移し、1cm以下の厚みになるようにぴったりと包む。トレーにのせて冷凍し、凍ったら冷凍用保存袋に入れ、冷凍室で保存する。解凍は、冷蔵室か室温で自然解凍する。
保存期間：3週間以内に使いきる

パックのまま　納豆

納豆は、冷蔵しておいて使いきれなかったものを賞味期限ギリギリで冷凍するのではなく、買ってきたらすぐに冷凍を。パックのまま冷凍するときは、そのままトレーにのせて冷凍を。凍ったら冷凍用保存袋に入れ、冷凍室で保存する。解凍は、室温で自然解凍する。
保存期間：1カ月以内に使いきる

新鮮なうちに、おいしく保存 ●3

Freezing Technique
大豆製品のおすすめ冷凍術

とうふや油揚げ、納豆などの大豆製品も、冷凍しておくと便利。
切ったり、味をつけたりして、保存を。

とうふ 冷凍テク

冷凍すると水分が減って組織を壊すので、解凍すると「す」が入ります。
ただし、味がしみ込みやすくなるので、高野どうふのように調理を。

テクその1 パックのまま　保存期間：1カ月以内に使いきる

安くまとめ買いしたとうふは、新しいうちにパックごと冷凍室に入れる。冷凍することで、中の水分が抜けるが、そのぶん解凍後は味がしみ込みやすくなる。使うときは、冷蔵室で自然解凍を。解凍したら、両手ではさんで残った水分をギュッとしぼること。

テクその2 使いやすい大きさに切って　保存期間：2週間以内に使いきる

とうふは使いやすい大きさに切り、キッチンペーパーで水けをふく。ラップを敷いたトレーに並べ、ラップをかぶせて冷凍する。完全に凍ったら、冷凍用保存袋に入れて再び冷凍室で保存を。使うときは、冷蔵室で自然解凍する。解凍したら、両手ではさんで水分をしぼる。

こんなメニューに！

Daily Recipe 045

ゴーヤチャンプルー

1人分**166**kcal　調理時間**15**分　＊とうふを解凍する時間は除く。

食材のうまみが、とうふにじんわりしみ込んでいます。

材料（4人分）
適当なサイズに切って
　冷凍したとうふ……………1丁分
ゴーヤ（にがうり）……………小1本
ツナ缶（ノンオイル）……小2缶（160g）
とき卵………………………1個分
削り節…………………………5g
サラダ油、ごま油………各大さじ1
調味用
　┌酒………………………大さじ2
　│塩…………………小さじ1/3〜1/2
　└こしょう………………………少々

1 冷凍とうふは解凍し、水けをしぼる。ゴーヤは縦半分に切ってわたと種をとり、斜め薄切りにする。

2 フライパンにサラダ油とごま油を強火で熱し、ゴーヤを入れていためる。色が鮮やかになったら、とうふを加えてさっといため合わせ、ツナを缶汁ごと加えていためる。

3 ツナがほぐれたら、調味用の材料を加えてまぜ、とき卵をまわし入れて手早くいためる。卵が半熟状になったら、火を止めて削り節を加え、さっとまぜ合わせる。

Point
解凍後のとうふにも水分は残っているので、手でしっかりはさんでギュッと水けをしぼっておきます。水分が出たぶん、味を含みやすくなり、おいしくなります。

材料（4人分）
木綿どうふ……………… 2丁(600g)
豚ひき肉………………… 100g
しめじ…………………… 1パック(100g)
しょうが………………… 1かけ
塩………………………… 小さじ¼
小麦粉…………………… 適量
サラダ油………………… 大さじ3
調味用
　[だし…………………… ¾カップ
　　しょうゆ、みりん…… 各大さじ2
かたくり粉……………… 大さじ½

1 下ごしらえをする
とうふは厚みを半分に切り、キッチンペーパーに包んで5分ほどおき、水きりをする。しめじは石づきを落とし、小房に分ける。しょうがは皮をむいてすりおろす。

2 とうふを焼く
とうふは片面に塩を振り、小麦粉を全体に薄くまぶす。フライパンにサラダ油大さじ2を強めの中火で熱し、とうふを入れて2～3分焼く。裏返してさらに2～3分焼き、両面に焼き色がついたら、器に盛る。

3 あんを作る
フライパンにサラダ油大さじ1を中火で熱し、ひき肉を入れていためる。ひき肉の色が変わったら、しめじを加えてさっといため合わせ、調味用の材料を加えて煮立て、30秒ほど煮る。かたくり粉を水大さじ1でといて加え、とろみがついたら 2 にかけ、しょうがをのせる。

おすすめ献立メニュー
しっかりしたしょうゆ味なので、サブおかずには酸味のきいたものを選んで。
- レタスとトマトの玉ねぎドレッシング >>60ページ
- いんげんとみょうがのみそ汁 >>73ページ

Daily Recipe 044　フライパンひとつでOK!

きのこ入りあんが、決め手！
とうふステーキ ひき肉あんかけ

1人分 **306**kcal　調理時間 **15**分

大人気のとうふステーキも、ひとワザ加えてさらにおいしく。
コクのある豚ひき肉とたっぷりのしめじをいためて、しょうゆ味のあんに仕立てました！

おすすめ献立メニュー

カレー風味を引き立てる、さっぱり味のおかずをチョイス。たっぷり野菜を、意識してとり入れて。
- にんじんのシンプルサラダ >> 58ページ
- チンゲンサイとエリンギのにんにくいため >> 68ページ

材料（4人分）
- 厚揚げ……… 2枚（450〜500g）
- 豚ひき肉……… 100g
- 長ねぎ……… ½本
- サラダ油……… 小さじ1
- カレー粉……… 小さじ1
- 煮汁
  - だし (dashi)……… 1.5カップ
  - 鶏ガラスープのもと (consomé a little)……… 少々
  - 酒、しょうゆ (sake, soy sauce)……… 各大さじ2.5
  - 砂糖 (sugar)……… 大さじ1
- かたくり粉 (corn starch / potato starch)……… 大さじ1.5

1 下ごしらえをする
厚揚げは余分な油をふき、縦半分に切って1cm幅に切る。長ねぎはみじん切りにする。

Point 厚揚げはキッチンペーパーで包んで押さえ、余分な油をふきとります。

2 いためる
フライパンにサラダ油を中火で熱し、ひき肉、長ねぎを入れていためる。ひき肉の色が変わったら、カレー粉を振り入れて手早くまぜ、煮汁の材料を加える。

3 煮る
煮立ったら、厚揚げを加えてふたをし、2分ほど煮る。かたくり粉を水大さじ3でといて加え、とろみをつける。

卵・とうふ

Daily Recipe 043 フライパンひとつでOK!

食欲もそそられる！
厚揚げのカレー麻婆煮（マーボー）

1人分 **272**kcal　調理時間 **10**分

これは、厚揚げで作ったカレー味の麻婆豆腐。本家とはひと味違うおいしさ。厚揚げの歯ごたえ、スパイシーな口当たりをぜひ、お楽しみください！

おすすめ献立メニュー

タンパク質素材は十分とれているので、野菜のおかずを多めに。酸味のあるものを添えて、味にメリハリを。

- 玉ねぎとトマトのサラダ
  >> 57 ページ
- わけぎ、キムチ、あさりのみそ汁 >> 72 ページ

材料（4人分）

木綿どうふ	大1丁（400g）
卵	2個
ベーコン	2枚
ピーマン	4個
削り節	5g
ごま油	大さじ1
塩	小さじ1弱〜1

1 下ごしらえをする

とうふは耐熱皿にのせ、ラップをかけずに電子レンジで3〜4分加熱する。水けをきり、おおまかにほぐす。ピーマンは縦半分に切ってへたと種をとり除き、横2mm幅に切る。ベーコンは1cm幅に切る。ボウルに卵をときほぐす。

Point
いためたときに水分が出ないように、とうふはレンジで加熱して、しっかり水きりをしておきます。

2 いためる

フライパンにごま油を中火で熱し、ベーコンを入れてさっといため、ピーマンを加えていため合わせる。ピーマンがしんなりとしたら、塩小さじ½を振ってまぜ、とうふを加えていためる。

3 卵を加える

全体に油が回ったら、塩小さじ⅓〜½を振ってまぜ、とき卵を流し入れてへらで大きくまぜながらいためる。卵が半熟状になったら器に盛り、削り節をのせる。

Daily Recipe 042
フライパン ＋ 電子レンジで

沖縄料理を手軽にアレンジ！
ベーコンとピーマンのチャンプルー

1人分 **181** kcal　調理時間 **15** 分

とうふ1丁、卵2個、ピーマン4個をきちんと使いきり。
味つけは塩でシンプルに仕上げて、素材の持ち味を楽しんで！

Daily Recipe 041 フライパン＋電子レンジで

ドカンと焼いて、完成！
ソーセージとポテトの オープンオムレツ

1人分 **305**kcal　調理時間 **20**分

オムレツの中身は、ソーセージ、じゃがいも、玉ねぎのゴールデントリオ。
これで、決まり！ 好みでケチャップをかけても、美味。

材料（4人分）
- 卵 ……………………… 大4個
- ウインナソーセージ …… 4〜5本
- じゃがいも …………………… 3個
- 玉ねぎ ………………………… ½個
- クレソン ……………………… 適量
- オリーブ油 ………………… 大さじ2
- 調味用
  - 塩 …………………… 小さじ½
  - こしょう ………………… 少々

1 下ごしらえをする
じゃがいもは皮をむいて3mm厚さの輪切りにし、さっと水洗いをする。耐熱皿に中央をあけて並べ、ラップをふんわりとかけて電子レンジで7〜8分加熱する。玉ねぎは縦薄切りにする。ソーセージは3mm幅の斜め切りにする。ボウルに卵をときほぐす。

2 具をいためる
直径24〜26cmのフライパンにオリーブ油を中火で熱し、玉ねぎを入れていためる。しんなりとしたら、ソーセージ、じゃがいもを順に加えていため合わせ、全体に油が回ったら、調味用の材料を加えてまぜる。卵のボウルに加え、よくまぜ合わせる。

3 卵を焼く
2のフライパンを強火で熱し、**2**を流し入れて大きくまぜる。卵が半熟状になったら、中火にして2分ほど焼き、裏返してさらに2〜3分焼く。両面に焼き色がついたら、食べやすい大きさに切って器に盛り、クレソンを添える。

おすすめ献立メニュー
サラダと汁物があれば、完ぺき。淡色野菜、緑黄色野菜をまんべんなくとるように、心がけて。
- レタスとトマトの玉ねぎドレッシング ≫ **60**ページ
- 具だくさんミネストローネ ≫ **95**ページ

卵・とうふ

Daily Recipe 040 フライパン＋電子レンジで

元気が出る、スタミナメニュー！
卵、うなぎ、わけぎのいため物

1人分 **243**kcal　調理時間 **10**分

ちょっぴりのうなぎでも、卵といっしょにいためれば、豪華おかずに早変わり。しかも、スピーディーで超簡単。作ってみるしかない！

材料（4人分）
- 卵 …………………………… 3個
- うなぎのかば焼き …… 大1本（150g）
- わけぎ ………………… 1束（150g）
- 酒 …………………………… 大さじ1
- サラダ油、ごま油 …… 各大さじ1
- 調味用
  - 塩、こしょう ………… 各少々
  - 酒、しょうゆ ……… 各小さじ2

1 下ごしらえをする
わけぎは4cm長さに切る。うなぎは縦半分に切って2～3cm幅に切り、耐熱皿にのせて酒を振り、ラップをふんわりとかけて電子レンジで1分加熱する。ボウルに卵をときほぐす。

2 卵をいためる
フライパンにサラダ油を強火で熱し、とき卵を流し入れて、大きくまぜながらいためる。半熟状になったら、とり出す。

3 他の材料をいためる
フライパンにごま油を中火で熱し、わけぎの白い部分、うなぎ、わけぎの青い部分の順に入れていためる。全体に油が回ったら、調味用の材料を加えて手早くまぜ、**2**を加えてさっといため合わせる。

おすすめ献立メニュー

具だくさんの汁物を添えて、ボリューム感をアップ。野菜を多めにとるように心がけて。

- とん汁
  >> **75**ページ
- きゅうりとわかめの酢の物

材料（4人分）

- 卵 …… 6個
- 豚切り落とし肉 …… 100g
- キャベツ …… 3枚（150g）
- しょうが汁 …… 1かけ分
- サラダ油 …… 大さじ3
- 調味用
  - 塩 …… 小さじ½
  - こしょう …… 少々
  - 酒 …… 大さじ1
- あん
  - 水 …… 1カップ
  - 鶏ガラスープのもと …… 小さじ¼
  - しょうゆ、砂糖、かたくり粉 …… 各大さじ1

1 下ごしらえをする
豚肉は、大きいものは食べやすい長さに切る。キャベツは3～4cm長さ、1cm幅に切る。ボウルに卵をときほぐす。

2 具をいためる
フライパンにサラダ油大さじ1を中火で熱し、豚肉を入れていためる。豚肉の色が変わったら、キャベツを加えてさっといため合わせ、調味用の材料を加えてまぜる。卵のボウルに加えてよくまぜる。

Point 具にしっかりと火が通るように、いためてから卵に加えてまぜます。

3 焼く
フライパンにサラダ油大さじ2を強火で熱し、2を流し入れて大きくまぜる。卵が半熟状になったら、中火にして2分ほど焼き、裏返してさらに2分ほど焼く。両面に焼き色がついたら、木べらなどで4等分にし、器に盛る。

4 あんを作る
フライパンにあんの材料を入れ、まぜながら中火にかける。煮立ったら火を止め、しょうが汁を加えてさっとまぜ、3にかける。

がっつり、食べごたえ満点！
豚肉とキャベツの かに玉風

1人分 **277** kcal　調理時間 **20** 分

いためた豚肉と野菜を卵にまぜて、フライパンでドーンと焼きます。仕上げには、しょうが風味の極上あんをた～っぷり！

卵・とうふ

Daily Recipe 039　フライパンひとつでOK！

おすすめ献立メニュー
具だくさんなので、シンプルな野菜のおかずと煮物を添えれば、OK。
- きゅうりの梅みそあえ >>57ページ
- こんにゃくとにんじんのめんつゆ煮 >>108ページ

生鮭は下味をつけて冷凍を。
塩鮭は、焼いてから冷凍保存すると重宝します。

鮭の切り身 冷凍テク

テクその1 下味をつけてラップで包んで　保存期間：2週間以内に使いきる

広げたラップに生鮭の切り身を1切れのせ、塩少々、酒小さじ½を振ってぴったり包む。トレーに並べて冷凍を。凍ったら、ラップごと冷凍用保存袋に入れて冷凍庫で保存。使うときは電子レンジ「弱」(200W)で1切れにつき1分30秒加熱して半解凍するか、冷蔵室で半解凍、もしくは全解凍する。

テクその2 焼いてほぐして　保存期間：3週間以内に使いきる

甘塩鮭をガス台のグリルで焼いて皮と骨をとり除き、身をあらくほぐしてよく冷ます。ラップにのせ、平らに薄く広げて包み、トレーにのせて冷凍する。もしくは、冷凍用保存袋にそのまま入れ、平らにして冷凍する。使うときは、酒を振って電子レンジで半解凍するか、冷蔵室か室温で全解凍する。

↓ こんなメニューに！

Daily Recipe 038

鮭ともやしのチャンチャン焼き

1人分 **224**kcal　調理時間 **10**分　＊鮭を半解凍する時間は除く。

鮭の身をほぐして野菜とまぜながらどうぞ！

材料(4人分)
- 下味をつけて冷凍した生鮭 … 4切れ
- もやし … 1袋
- 万能ねぎの小口切り … 3本分
- 調味用
  - みそ … 大さじ4
  - みりん … 大さじ2
  - 砂糖 … 大さじ1〜1.5
- サラダ油 … 大さじ½

1. 冷凍鮭は半解凍し、水けをふく。
2. ボウルに調味用の材料を入れ、よくまぜる。
3. フライパンにサラダ油を強めの中火で熱し、鮭を並べて入れ、3〜4分焼く。返してまわりにもやしを入れ、2を鮭にかける。
4. ふたをして弱めの中火で4分ほど蒸し焼きにする。途中、もやしをまぜる。器に盛り、万能ねぎを振る。

その他の魚介の冷凍テク

酒蒸しにして

あさりのむき身はさっと水洗いをし、なべで酒蒸しする。よく冷まして汁けをきり、ラップを敷いたトレーに広げ、ラップをかぶせて冷凍する。凍ったら、冷凍用保存袋に入れて冷凍庫で保存を。小分けにして冷凍しても。
保存期間：1〜2週間以内に使いきる

あさりなど

砂抜きをして

殻つきのあさりは海水程度の塩水につけて砂抜きをし、よく水洗いをして水けをふく。冷凍用保存袋に入れて、空気を抜きながら口を閉じ、トレーにのせて冷凍を。死んでいるあさりは、火を通したときに口が開かないのでとり除いて。
保存期間：2週間以内に使いきる

新鮮なうちに、おいしく保存 ● 2

Freezing Technique

魚介のおすすめ冷凍術

再冷凍すると品質が劣化するので、切り身魚などは「生」と表示されたものを冷凍しましょう。
「冷凍品」と表示されたものは、冷凍保存しないほうが無難です。

まぐろの刺し身 冷凍テク

新鮮なうちに水けをふいて、冷凍しましょう。
解凍後は、必ず加熱調理を。

 テク その1 切ったものは水けをふいて　　保存期間：2週間以内に使いきる

切った刺し身が残ったら、キッチンペーパーで水けをふき、ラップを敷いたトレーに並べてラップをかぶせ、冷凍を。凍ったら、冷凍用保存袋に入れ、冷凍室で保存する。解凍は、冷蔵室で自然解凍する。

 テク その2 さくのままラップで包んで　　保存期間：2週間以内に使いきる

さくはキッチンペーパーで水けをふき、大きければ、適当な大きさに切り分けてラップで包み、トレーにのせて冷凍する。凍ったらラップごと冷凍用保存袋に入れ、冷凍室で保存する。解凍は、冷蔵室で半解凍するのがおすすめ。

こんなメニューに！

Daily Recipe 037

まぐろのごま焼き

1人分 **160**kcal　調理時間 **25**分　＊まぐろを半解凍する時間は除く。
ごまの風味で香ばしさアップ。

材料（4人分）
さくのまま冷凍したまぐろ… 200g
いり白ごま、いり黒ごま
　　　　　　　　…… 各大さじ2
サラダ菜、レモンの半月切り
　　　　　　　　…… 各適量
下味
　┌ しょうゆ、酒 …… 各大さじ1
　└ しょうが汁 …………… 少々
小麦粉、とき卵 ……… 各適量
サラダ油 …………… 大さじ½

1 冷凍まぐろは半解凍してキッチンペーパーで水けをふき、1cm厚さのそぎ切りにして下味の材料をからめ、15分ほどおく。ごま2種はまぜておく。
2 まぐろは水けをふき、小麦粉、とき卵の順に衣をつける。片面にごまをまぶしつける。
3 フライパンにサラダ油を中火で熱し、**2**のごまの面を下にして並べ入れる。カリッとしたら裏返し、両面に焼き色がついたら器に盛る。サラダ菜、レモンを添える。

Point
半解凍したまぐろは、解凍後の生ぐささを抑えるために、しょうゆ、酒、しょうが汁につけて、づけに。こうすると、くさみも気にならなくなります。

Daily Recipe 036 フライパンひとつでOK!

焼き目がごちそう！
まぐろのたたき ゆずみそマヨソース

1人分 **204**kcal　調理時間 **10**分

まぐろの表面をさっと焼いて、香ばしさをプラス。
ゆずこしょう＋みそ＋マヨのソースが、
これまたおいしさをさらにアップ。特売のまぐろで、ぜひ！

材料（4人分）
まぐろ（赤身・刺し身用）
　……………………小2さく（300g）
玉ねぎ……………………………½個
きゅうり……………………………1本
オリーブ油………………………大さじ1
下味
┌ 塩………………………………小さじ⅓
│ あらびき黒こしょう……………少々
└ レモン汁………………………小さじ2
ソース
┌ ゆずこしょう……………………小さじ⅓
│ みそ……………………………小さじ1
│ マヨネーズ……………………大さじ3
└ 牛乳……………………………大さじ1

1 まぐろを焼く
まぐろは水けをふく。フライパンにオリーブ油を強火で熱し、まぐろを入れて10〜20秒焼き、裏返してさらに10〜20秒焼く。表面の色が変わったらとり出し、下味の材料をからめる。

2 野菜を切る
玉ねぎは縦薄切りにし、水に5分ほどさらして水けをふく。きゅうりは縦半分に切って斜め薄切りにし、水にさっとさらして水けをふく。

3 ソースを作る
ボウルにソースの材料を入れ、よくまぜる。1を食べやすい大きさに切って器に盛り、2をのせてソースを添える。

おすすめ献立メニュー

まぐろのおいしさを引き立てる、シンプルなあえ物がぴったり。汁物も添えて、たっぷり野菜を心がけて。

● アスパラとエリンギの
　焼きびたし ≫ **58**ページ
● とん汁
　≫ **75**ページ

Daily Recipe 035 フライパンひとつでOK!

たこのプリッがくせになる！
たことキャベツのかき揚げ

1人分 **412**kcal　調理時間 **15**分

具の組み合わせが新しい、ボリューム満点のかき揚げです。
たこの独特の食感、キャベツの甘みがいっそう引き立って、これは食べてみるしかない！

材料（4人分）

- ゆでだこの足 …… 200〜250g
- キャベツ …… 2枚（100g）
- 長ねぎ …… 1½本
- 小麦粉 …… 大さじ3
- 衣
  - 天ぷら粉（市販品） …… 1カップ
  - 冷水 …… 1カップ
- 揚げ油、好みのソース …… 各適量

1 下ごしらえをする

たこは、太いものは縦2〜4等分に切り、1cm幅に切る。キャベツは2cm四方に切る。長ねぎは1cm幅に切る。ボウルにたこ、キャベツ、長ねぎを入れ、小麦粉を加えてさっとまぶす。

2 たねを作る

別のボウルに衣の材料を入れ、よくまぜる。1に加え、大きくまぜ合わせる。

3 揚げる

フライパンに揚げ油を170〜180度に熱し、2の適量を木べらですくって入れ、2分ほど揚げる。裏返して菜箸で2〜3カ所つつき、さらに1分ほど揚げる。油をきって器に盛り、ソースを添える。

Point
たねのまわりがカリッとして、薄く色づいたら菜箸で裏返して。両面を色よく揚げます。

おすすめ献立メニュー

タンパク質素材、野菜が少なめなので、サブおかずで積極的に。
- 水菜と厚揚げの煮びたし　≫**64**ページ
- にらとしいたけのみそ汁　≫**73**ページ

魚介

Daily Recipe 034 フライパンひとつでOK!

さわやか、さっぱり味!
いかとセロリのしょうがいため

1人分 **165**kcal　調理時間 **15**分　＊いかを解凍する時間は除く。

素材の持ち味を楽しむ、シンプルないため物。しょうがのすがすがしい香りが、おいしさをバックアップ。いかはどんな種類を選んでもOK!

材料（4人分）

- 冷凍ロールいか …………… 300g
- セロリ …………………… 1本(100g)
- 玉ねぎ ………………………… 1個
- しょうが ……………………… 1かけ
- 下味
  - 塩 ……………………………… 少々
  - 酒 …………………………… 小さじ1
  - かたくり粉 ………………… 小さじ2
- サラダ油 …………………… 大さじ2
- 調味用
  - 水 …………………………… 1カップ
  - 鶏ガラスープのもと … 小さじ½
  - 塩 ………………………… 小さじ¾
  - 酒 …………………………… 大さじ1
  - かたくり粉 ………………… 小さじ2
  - しょうゆ ………………… 小さじ1
  - こしょう …………………… 少々
- ごま油 ……………………… 少々

1 下ごしらえをする

いかは室温に置いて解凍し、水けをふく。表面に5mm間隔の格子状の切り目を入れて5〜7cm長さ、1.5cm幅に切り、下味の材料をからめる。セロリは葉と茎に切り分ける。葉は2cm幅に切り、茎は筋をとって縦半分に切り、斜め薄切りにする。玉ねぎは縦半分に切り、1cm幅のくし形に切る。しょうがは皮をむき、せん切りにする。

2 いかをゆでる

フライパンに多めの湯を沸かし、いかを入れて10秒ほどゆでる。ざるに上げ、水けをきる。

3 いためる

フライパンにサラダ油を中火で熱し、玉ねぎ、しょうがを入れていためる。玉ねぎがしんなりとしたら、セロリの茎を加えてさっといため合わせ、調味用の材料をよくまぜてから加える。全体をまぜながら煮立て、2、セロリの葉を加えて手早くまぜ、ごま油を振って大きくまぜる。

おすすめ献立メニュー

メインがあっさりめの味なので、サブおかずにはコクのあるものをチョイス。汁物も添えると◎。

- アスパラと鶏肉の明太マヨあえ
  >> **57**ページ
- じゃがいもとわかめのみそ汁

材料（4人分）

- むきえび ……………………… 300g
- グリーンアスパラガス … 2束(12本)
- 長ねぎ ………………………… 1/2本
- かたくり粉 …………………… 大さじ1
- 下味
  - 塩 …………………………… 少々
  - 酒 …………………………… 大さじ1
  - かたくり粉 ………………… 小さじ1
  - こしょう …………………… 少々
- サラダ油 ……………………… 大さじ2
- 塩 ……………………………… 少々
- 調味用
  - マヨネーズ ………………… 大さじ2
  - 薄口しょうゆ ……………… 小さじ2

1 下ごしらえをする

えびは背わたをとり、かたくり粉をまぶして水洗いをし、水けをふく。下味の材料をからめて10分ほどおく。アスパラガスは根元のかたい部分を落とし、根元から5〜6cmくらいのところまで皮をむいて、4cm長さの斜め切りにする。長ねぎは1cm幅の斜め切りにする。

2 アスパラを蒸し焼きにする

フライパンにサラダ油大さじ1を中火で熱し、アスパラガスを入れてさっといためる。塩、水大さじ2を加えてふたをし、1分ほど蒸し焼きにしてざるに上げ、水けをきる。

3 いためて調味する

フライパンにサラダ油大さじ1を中火で熱し、えびを入れて焼く。焼き色がついたら裏返して端に寄せ、あいたところに長ねぎを加えていためる。長ねぎがしんなりとしたら2を加え、すべてをいため合わせる。火を止めて調味用の材料を加え、手早くからめる。

Point 焦げつかないように、火を止めてから調味料を加えて、手早く全体にからめます。

大人気のおかずをアレンジ！

えびとアスパラのマヨいため

1人分 **192**kcal　調理時間 **15**分

人気のえびのマヨネーズいため。ここでは、アスパラ、長ねぎも加えておいしくボリュームアップしました。かくし味のしょうゆが、絶品味の秘密！

魚介

Daily Recipe 033　フライパンひとつでOK！

おすすめ献立メニュー

コクのあるいため物なので、さっぱりとしたものがマッチ。あえ物や汁物を添えて、献立に変化をつけて。

- もやしとゆで豚のゆかりあえ
  >> **59**ページ
- レタスとわかめのスープ
  >> **77**ページ

おすすめ献立メニュー

野菜がたっぷりととれる、サブおかずをチョイス。汁物も添えて、満足感をアップ。
- スナップえんどうとパプリカの梅マヨあえ >> 59ページ
- 玉ねぎとハムのスープ

材料（4人分）

- いわし……………6尾（600〜700g）
- トマト……………………………2個
- にんにくのみじん切り……1かけ分
- パセリのみじん切り………大さじ1
- レモンの半月切り……………4切れ
- 下味
  - 塩………………………小さじ½
  - こしょう…………………………少々
- 小麦粉……………………………適量
- オリーブ油……………………大さじ2
- 生パン粉………………………1カップ
- 塩、こしょう……………………各少々

ワザありおかず！
いわしのソテー にんにくパン粉かけ

Daily Recipe 032　フライパンひとつでOK!

1人分 323kcal　調理時間 25分

ソテーしたいわしに、カリカリにいためたにんにく風味のパン粉をかけていただきます。香ばしいパン粉が、いわしの持ち味をグッと引き立てます！

1 下ごしらえをする

いわしは頭を落とし、腹の端を切り落として内臓をかき出し、よく水洗いをして水けをふく。親指を中骨に沿わせながら尾に向かってすべらせていき、身を開く。中骨を折ってはずし、腹骨をそぎとる（手開き）。縦半分に切って下味の材料を振り、10分ほどおく。トマトは縦半分に切ってへたをとり、横4等分に切る。

2 いわしを焼く

いわしの汁けをふき、小麦粉を薄くまぶす。フライパンにオリーブ油大さじ½を強めの中火で熱し、いわしの皮の面を上にして並べ、2分ほど焼く。裏返して、キッチンペーパーでときどき余分な脂をふきとりながら、さらに2分ほど焼く。両面に焼き色がついたら、器に盛る。

3 パン粉をいためる

フライパンにオリーブ油大さじ1.5、にんにく、パン粉を入れ、中火でいためる。パン粉がカリッとしたら火を止め、パセリを加えてまぜ、塩、こしょうを振って味をととのえる。2にかけ、トマト、レモンを添える。

材料（4人分）
かじき（切り身）
　　　　　　　4切れ（320〜400g）
ゆで卵 …………………… 1個
とき卵 …………………… 適量
キャベツ ……………… 3〜4枚
下味
　┌ 塩 ……………… 小さじ½
　└ こしょう ……………… 少々
ソース
　┌ マヨネーズ ……… 大さじ4
　│ 牛乳 …………… 大さじ½
　└ 塩、こしょう ……… 各少々
小麦粉、パン粉、揚げ油 …各適量

1 下ごしらえをする
かじきは下味の材料を振り、10分ほどおく。ゆで卵は殻をむく。キャベツは5〜6cm長さのせん切りにする。

2 ソースを作る
ポリ袋にゆで卵を入れ、手でこまかくつぶしてボウルに移す。ソースの材料を加え、よくまぜる。

3 揚げる
かじきの汁けをふき、小麦粉、とき卵、パン粉の順に衣をつける。フライパンに揚げ油を中火で熱し、かじきを入れて2〜3分揚げ、裏返してさらに2〜3分揚げる。油をきって器に盛り、キャベツ、**2**を添える。

Point
揚げ油は1〜2cm深さまで入れれば十分。両面がカリッとするまで揚げます。

おすすめ献立メニュー
揚げ物には、さっぱりとしたあえ物などがぴったり。汁物があれば、さらに充実。
- アスパラとエリンギの焼きびたし >> **58**ページ
- 野菜たっぷりスープ >> **77**ページ

多めの油で揚げ焼きに！
かじきのフライ タルタルソース

Daily Recipe 031 フライパンひとつでOK!

1人分 **374**kcal　調理時間 **20**分

切り身なら厚みがないので、フライパンで揚げ焼きでもカラリと仕上がります。コク満点のソースをたっぷりつけて、どうぞ！ パパのビールのおつまみにも！

魚介

卵をからめて焼くだけ！
あじのふんわりピカタ

1人分 **201**kcal 　調理時間**20**分

あじにとき卵をからめて、フライパンでソテー。
それだけなのに、くせもなくてグッとまろやか、食べやすさが倍増します。

材料（4人分）
あじ（三枚におろしたもの）
　　　　　　　　　4尾分（約300g）
とき卵　　　　　　　　　　大1個分
レタス　　　　　　　　　　3～4枚
下味
　塩　　　　　　　　　　小さじ½
　こしょう　　　　　　　　　少々
小麦粉　　　　　　　　　　　適量
サラダ油　　　　　　　　　大さじ1
ソース
　マヨネーズ　　　　　　　大さじ2
　トマトケチャップ　　　　小さじ2

1 下ごしらえをする
あじは下味の材料を振って10分ほどおく。レタスは5～6cm長さのせん切りにする。

2 あじを焼く
あじの汁けをふき、小麦粉を薄くまぶす。フライパンにサラダ油を中火で熱し、あじをとき卵にくぐらせてから、皮の面を上にして重ならないように並べ入れる。2分ほど焼いて裏返し、さらに2～3分焼く。

3 ソースを作る
ボウルにソースの材料を入れ、よくまぜる。器にレタスを敷いて**2**を盛り、ソースをかける。

おすすめ献立メニュー
つけ合わせが生野菜なので、加熱した緑黄色野菜のサブおかずを。煮物や汁物も添えて、充実感をアップ。
- ほうれんそうのごまみそあえ
　>> **61**ページ
- 玉ねぎとソーセージのコンソメ煮　>> **63**ページ

材料（4人分）

- 生鮭（切り身）……… 4切れ（400g）
- れんこん ……… 小1節（正味150g）
- にんじん……………………… 1/3本
- 玉ねぎ………………………… 1/2個
- 下味
  - 塩………………………小さじ1/3
  - しょうが汁 ………………… 少々
- 南蛮酢
  - だし、酢 ………… 各大さじ6
  - 砂糖、しょうゆ …… 各大さじ3
  - 赤とうがらしの小口切り…1/2本分
- サラダ油…………………大さじ1.5
- 小麦粉…………………………適量

1 下ごしらえをする
れんこんは皮をむいて5mm厚さの輪切りにし、酢水（分量外）に5分ほどさらして水けをふく。にんじんは皮をむき、斜め薄切りにしてから、せん切りにする。玉ねぎは縦薄切りにする。鮭はあれば骨をとり、1〜1.5cm幅のそぎ切りにして下味の材料を振ってからめる。

2 南蛮酢を作る
フライパンに南蛮酢の材料を入れて中火で煮立て、バットに移す。にんじん、玉ねぎを加えてつける。

3 れんこんを焼く
フライパンにサラダ油大さじ1を中火で熱し、れんこんを入れて両面を色よく焼く。2に加えてつける。

4 鮭を焼く
鮭は汁けをふき、小麦粉を薄くまぶす。フライパンにサラダ油大さじ1/2を中火で熱し、鮭を入れて両面を焼く。2に加えてつけ、5分ほどおく。

Point
鮭はこんがりとするまで焼いて。熱いうちに南蛮酢につけると、味がしっかりしみ込みます。

おすすめ献立メニュー
青菜や海藻のサブおかずを添えて、栄養のバランスを。煮物、汁物などがおすすめ。
- ピーマン、しめじ、ひじきのいため煮 ≫ 64ページ
- ほうれんそうのみそ汁

魚介

野菜もいっぱい！
焼き鮭の南蛮漬け

1人分 **275**kcal　調理時間 **25**分

鮭をフライパンでこんがり焼いて、
たっぷりの野菜といっしょに南蛮酢につけます。
南蛮酢はほどよい酸味でだしのうまみも、たっぷり。
止まらないおいしさ！

Daily Recipe 029　フライパンひとつでOK！

おすすめ献立メニュー

揚げ物には、油控えめのあえ物や、煮物をチョイス。緑黄色野菜をたっぷりと。
- きゅうりの梅みそあえ
  >> 57ページ
- かぼちゃの薄味煮 >> 65ページ

材料（4人分）

さば（三枚におろしたもの）
　……………………… 1尾分（350g）
ししとうがらし ………… 12本
大根 ………………………… 5cm
下味
　┌ しょうが汁 ……… 1かけ分
　│ しょうゆ ………… 大さじ2
　└ 酒 ………………… 大さじ1
揚げ油 …………………… 適量
塩 ………………………… 少々
かたくり粉 ……………… 適量
ポン酢しょうゆ（市販品）…… 適量

1 下ごしらえをする

さばは2cm幅のそぎ切りにし、下味の材料にからめて10～15分おく。ししとうはへたを少し切り落とし、切り目を2カ所に入れる。大根は皮をむいてすりおろし、汁けをきる。

2 ししとうを揚げる

フライパンに揚げ油を165度に熱してししとうを入れ、さっと揚げて油をきり、塩を振る。

3 さばを揚げる

さばは汁けを軽くふき、かたくり粉を薄くまぶす。170～175度の揚げ油で3分ほど揚げ、カリッとしたら油をきる。**2**といっしょに器に盛り、大根おろしをのせてポン酢しょうゆをかける。

Daily Recipe 028　フライパンひとつでOK！

カラリと香ばしく！
さばの竜田揚げ

1人分 281kcal　調理時間 20分

しょうが風味の下味をしっかりとからめて、かたくり粉をまぶして揚げます。揚げたてに大根おろしとポン酢しょうゆをかけて。

切り身だから、超お手軽！
たらのトマト煮

1人分 **213**kcal　調理時間 **20**分

淡泊なたらをベーコンや野菜のうまみがしみたトマトソースで煮て、グッと奥深い味に。ごはんにもパンにも合う一品！

材料（4人分）
- 生だら（切り身）……4切れ（500g）
- ベーコン……………………………2枚
- トマト缶…………………1缶（400g）
- 玉ねぎ……………………………¼個
- にんにく…………………………1かけ
- 下味
  - ［塩……………………………小さじ⅓
  - ［酒……………………………大さじ1
- オリーブ油………………………大さじ2
- スープ
  - ［水……………………………⅓カップ
  - ［チキンコンソメ…………………½個
  - ［酒……………………………大さじ3
- 塩、こしょう………………………各少々

1　下ごしらえをする
たらは下味の材料を振ってからめ、10分ほどおく。玉ねぎは横薄切りにする。にんにくはみじん切りにする。トマトは缶汁ごとボウルに入れ、あらくつぶす。ベーコンは1cm幅に切る。

2　トマトソースを作る
フライパンにオリーブ油大さじ1を中火で熱し、ベーコン、玉ねぎ、にんにくを入れていためる。玉ねぎがしんなりとしたら、トマト、スープの材料を加えてまぜる。

3　煮る
たらは汁けをふく。**2**が煮立ったら、たらをのせ、ふたをして中火のまま8分ほど煮る。塩、こしょうを加えて味をととのえ、火を止めてオリーブ油大さじ1を回しかける。

Point　トマトソースが煮立ってから、たらを加えて。こうすると、煮汁が生ぐさくなるのが防げます。

おすすめ献立メニュー
サラダや洋風の汁物を添えて、ボリューム感をアップ。葉野菜などを積極的に。
- ちぎりキャベツの
  ツナカレーサラダ　≫56ページ
- 玉ねぎとにんじんの
  コンソメスープ

魚介

鶏もも肉 冷凍テク

水分が多く、傷みやすいので余ったらすぐに冷凍しましょう。
切って冷凍したり、下味をつけてくさみを消す工夫を。

テクその1 下味をつけて
保存期間：3週間以内に使いきる

鶏もも肉1枚（250g）に対して塩小さじ¼、こしょう少々、黒酢大さじ½（酢やレモン汁でもOK）で下味をつけ、ラップで包んで冷凍する。完全に凍ったら、ラップごと冷凍用保存袋に入れる。使うときは、電子レンジの解凍機能を使うか、冷蔵室に入れて自然解凍を。

テクその2 から揚げを冷凍
保存期間：3週間以内に使いきる

から揚げが残ったときは、よく冷ましてから冷凍用保存袋に重ならないように入れ、冷凍する。使うときは、電子レンジで加熱するか、凍ったままトマトソースやだしなどで煮ても。

こんなメニューに！

Daily Recipe 026

鶏もも肉の黒酢ソテー

1人分 335kcal　調理時間 15分　＊鶏肉を半解凍する時間は除く。

黒酢の効果で鶏肉がやわらかく、ジューシーに！

材料（4人分）
- 下味をつけた冷凍鶏もも肉 ……… 2枚（500g）
- キャベツ ……………………… ¼個（300g）
- にんにくの薄切り ……… 1かけ分
- バター ………………………… 大さじ1
- 塩、こしょう ………………… 各少々
- オリーブ油 …………………… 大さじ1
- 調味用
  - □ 黒酢、しょうゆ、酒 ‥各大さじ2

1. 冷凍鶏肉は半解凍して、観音開きにする。キャベツは1cm幅に切る。
2. フライパンにバターを中火でとかし、キャベツを入れてさっといため、塩、こしょうを振ってとり出す。
3. フライパンにオリーブ油、にんにくを入れて弱火にかけ、にんにくがカリッとしたらとり出す。
4. 3のフライパンを強めの中火で熱し、鶏肉を皮の面を下にして入れ、へらなどで押さえながらカリッと焼く。裏返して3分ほど焼き、調味用の材料を加えて手早く煮からめる。鶏肉をとり出し、食べやすい大きさに切って、2とともに器に盛る。
5. 4のフライパンに残った調味料を中火で少し煮詰め、鶏肉にかけて3を散らす。

Point
鶏肉は、中央に厚みの半分まで切り目を入れる。包丁をねかせて入れ、厚みが均一になるように切り開きます（観音開き）。

その他の肉の冷凍テク

ウインナソーセージ
保存袋に入れかえて冷凍

買ってきた袋のまま冷凍すると、においがつきやすく、冷凍焼けするので×。冷凍用保存袋に入れかえ、空気を抜きながら口を閉じて冷凍すること。使うときに皮がはじけるのを防ぎたい場合は、皮に切り込みを入れてから冷凍するとよい。使うときに、ゆでたり、いためたりする場合は、凍ったまま加えてOK。
保存期間：1カ月以内に使いきる

ベーコン
切ってラップで包んで冷凍

使いやすい大きさに切ったベーコンはラップにのせ、平らに包んで冷凍する。ラップごと冷凍用保存袋に入れ、冷凍室へ。使うときは凍ったまま使うか、冷蔵室で自然解凍を。
保存期間：3〜4週間以内に使いきる

ひき肉
平らにして筋をつける

生のひき肉を冷凍用保存袋に入れ、空気を抜きながら、薄く平らにし（溝をつける分だけ余裕を残す）、口を閉じてから菜箸などで縦、横に溝をつけて冷凍する。使うときは、必要な量だけ溝のところで折ってとり出し、冷蔵室で自然解凍して、ほぐしてから使う。
保存期間：2週間以内に使いきる

新鮮なうちに、おいしく保存 ● 1

Freezing Technique

肉のおすすめ冷凍術

毎日のおかず作りに重宝な薄切り肉。余ったら、すぐに冷凍しておくのがおすすめです。
次に使うときのことを考えて、100g、200gなどの単位で冷凍しておきましょう。

薄切り肉
冷凍テク

下味をつけてから冷凍する方法、
生のまま冷凍する方法があります。
牛薄切り肉の場合も同様に。

テク その1　下味をつけて　保存期間：2週間以内に使いきる

冷凍用保存袋に豚こまぎれ肉200gに対して、しょうゆ、酒各大さじ½の割合で入れてもみ込み、肉の厚さを薄く均一にして、空気を抜きながら口を閉じ、冷凍する。使うときは電子レンジの解凍機能を使うか、冷蔵室で自然解凍を。

テク その2　生のままラップで包んで　保存期間：2～3週間以内に使いきる

生のものを冷凍するときは、手の雑菌に注意して直接ふれないようにすること。菜箸などを使って肉をラップの上に移し、なるべく平らにして厚さを均一にする。ラップでぴったりと包んで冷凍用保存袋に入れ、空気を抜きながら口を閉じ、冷凍する。

こんなメニューに！

Daily Recipe 025

豚こまぎれ肉ともやしのいため物

1人分 **165**kcal　調理時間 **10**分　＊豚肉を半解凍する時間は除く。

豚肉に下味がついているから、味が決まりやすい！

材料（4人分）
下味をつけた冷凍豚こまぎれ肉
　Schweinefleisch 200g
もやし Mung Bor .... 1袋（250g）
にんじん Möhre 5cm
にら Nira .... 1束（100g）
サラダ油 Salatöl 大さじ1.5
調味用 Oyster Sauce, Sake
┌ オイスターソース、酒
│ Salz 各大さじ1
└ 塩、こしょう Sojasauce 各少々
粉ざんしょう Sancho .... 少々

1 冷凍豚肉は半解凍しておく。もやしは冷水にさらし、ざるに上げて水けをきる。にんじんは皮をむき、細切りにする。にらは4～5cm長さに切る。

2 フライパンにサラダ油を中火で熱し、豚肉を入れてほぐしながらいためる。豚肉の色が変わったら強火にし、にんじん、もやしの順に加えていため合わせる。全体に油が回ったら、調味用の材料を加えて手早くまぜ、にらを加えてさっといためる。器に盛り、粉ざんしょうを振る。

おいしい、楽しい口当たり！

れんこん入り肉だんご

1人分 **270**kcal　調理時間**20**分

たねの中には、こまかく切ったれんこんがたっぷり。
ふんわりだねと、サクサクれんこんの食感が絶妙のハーモニー！

材料（4人分）
- 豚ひき肉（あれば赤身）……… 300g
- とき卵 …………………………… 1個分
- れんこん ……… 小2/3節（正味100g）
- ピーマン ………………………… 4個
- 長ねぎ …………………………… 10cm
- かたくり粉 ……………… 大さじ1
- 調味用
  - 塩 ……………………… 小さじ1/3
  - 酒、水 ………………… 各大さじ1
- 揚げ油 …………………………… 適量
- からし、塩、あらびき黒こしょう、しょうゆ ……………… 各適量

1　下ごしらえをする
れんこんは皮をむいて、あらいみじん切りにし、かたくり粉をまぶす。ピーマンは縦四つ割りにしてへたと種をとる。長ねぎはみじん切りにする。

2　たねを作る
ボウルにひき肉、とき卵、調味用の材料を入れ、粘りが出るまでよくねりまぜる。れんこん、長ねぎを加えてまぜ合わせ、16〜20等分にしてだんご状にまとめる。

3　揚げる
フライパンに揚げ油を170度に熱してピーマンを入れ、さっと揚げて油をきる。同じ揚げ油を160度にして**2**を入れ、ときどき上下を返しながら揚げる。表面が色づいたら強火にし、カリッと揚げて油をきる。ピーマンといっしょに器に盛り、からし、塩とあらびき黒こしょうをまぜたもの、しょうゆを添える。

おすすめ献立メニュー

揚げ物なので、サブおかずには油控えめのメニューを。野菜をたっぷりとり入れて。
- アスパラとエリンギの焼きびたし >> 58ページ
- なすとみょうがのみそ汁

ふんわり、しっとり！
レンジでミートローフ

1人分 **226**kcal　調理時間 **25**分

材料をまぜて、レンジでチンするだけ！みそをきかせた和風味だから、ごはんにもよく合います。コーンいっぱいで、子どもにも大人気！

材料（4人分）
- 鶏ひき肉 ………………… 300g
- とき卵 …………………… 1個分
- コーン缶 ………… 小1缶(130g)
- 長ねぎ …………………… ½本
- ベビーリーフ ……………… 50g
- かたくり粉 ……………… 大さじ1.5
- 調味用
  - みそ ………………… 大さじ1.5
  - みりん ……………… 大さじ1
- パン粉 …………………… ½カップ

1　下ごしらえをする
コーンは缶汁をきり、水けをふいてかたくり粉をまぶす。長ねぎはみじん切りにする。

2　たねを作る
ボウルにひき肉、とき卵、調味用の材料を入れてよくねりまぜる。長ねぎ、パン粉を加えてまぜ、コーンを加えてさらにまぜ合わせる。2等分にして、それぞれ15cm長さほどの円筒状にまとめる。30cm長さほどのラップを2枚用意し、たねをのせてぴっちりと包む。

3　電子レンジで加熱する
電子レンジのターンテーブル（または耐熱皿）の両端に **2** をのせる。電子レンジで5分加熱し、上下を返してさらに4分加熱する。そのまま5分ほどおいて、ラップをはずし、食べやすい大きさに切る。ベビーリーフを敷いた器に盛る。

Point
ターンテーブルの中央は火が通りにくいので、両端に置くこと。加熱ムラがなくなります。

おすすめ献立メニュー
みそ味なので、酸味のあるものや、しょうゆ味のものをサブおかずに選んで。
- 水菜とじゃこのいため物　>> 69ページ
- 大根とにんじんのサラダ　>> 107ページ

おすすめ献立メニュー

パンチのある味なので、さっぱりとした味のサブおかずを選んで。汁物は必ず添えて、満足感をアップ。
- トマトのザーサイあえ
  >>112ページ
- しいたけのかき玉汁

材料（4人分）
合いびき肉	200g
チンゲンサイ	大2株
長ねぎ	1本
にんにく	1かけ
はるさめ	60g
サラダ油	大さじ1.5

煮汁
- 水……2カップ
- 酒、しょうゆ……各大さじ1
- オイスターソース、砂糖……各小さじ1
- 塩……小さじ½
- こしょう……少々

塩……少々

1 下ごしらえをする
チンゲンサイは葉と茎に切り分け、茎は縦10等分のくし形に切る。長ねぎは5mm幅の斜め切りにする。にんにくはみじん切りにする。はるさめはキッチンばさみで食べやすい長さに切る。

2 いためる
フライパンにサラダ油を中火で熱し、ひき肉、にんにくを入れていためる。ひき肉の色が変わったら、長ねぎを加えてさっといため合わせ、煮汁の材料を加えてまぜる。

3 煮る
煮立ったらはるさめを加え、ときどきまぜながら2分ほど煮る。はるさめがやわらかくなったら、チンゲンサイの茎を加え、ふたをして1分ほど煮る。チンゲンサイの葉を加えてひと煮する。味をみて、塩で味をととのえる。

とびっきりの中華おかず！
ひき肉とチンゲンサイのオイスターソース煮

1人分 **228**kcal　調理時間 **15**分

ひき肉のうまみ、煮汁をしっかり吸ったはるさめが格別のおいしさ！
はるさめはもどさずに使うと、歯ごたえよく仕上がります。

Daily Recipe 022　フライパンひとつでOK！

Daily Recipe 021 フライパン＋電子レンジで

ひだを寄せる必要なし！
半月ギョーザ

1人分 **399**kcal　調理時間 **25**分

包むのが大変なギョーザも、これなら楽勝。たねをのせたら、半分に折るだけ！ おいしさそのまま、手間半分で作れます！

おすすめ献立メニュー

タンパク質素材、緑黄色野菜が少なめなので、サブおかずでカバーを。
- もやしのオイスターカレーいため ≫**70**ページ
- わけぎ、キムチ、あさりのみそ汁 ≫**72**ページ

ひき肉

材料（4人分）
- 豚ひき肉 ………………… 150g
- ギョーザの皮 ……… 1袋（大24枚）
- キャベツ ………………… 1/6個（250g）
- にら ……………………… 1束（100g）
- 調味用
  - ［ごま油、しょうゆ、酒 …… 各大さじ1
  - 塩 ………………… 小さじ1/4
  - こしょう ………………… 少々
- かたくり粉 ……………… 大さじ1
- サラダ油 ………………… 大さじ3
- タレ
  - ［酢、しょうゆ ……… 各大さじ2
  - ラー油 ………………… 少々

1　下ごしらえをする
キャベツはみじん切りにして耐熱のボウルに入れ、ラップをふんわりとかけて電子レンジで3分加熱する。あら熱がとれたら、水けをしぼる。にらはあらく刻む。

Point
水けをギュッとしぼっておかないと、ベチャッとしたたねになってしまうので、注意。

2　たねを作って包む
ボウルにひき肉、調味用の材料を入れ、粘りが出るまでよくねりまぜる。**1**、かたくり粉を加え、さらにまぜ合わせる。ギョーザの皮の縁に水を薄く塗り、中央にたねを等分にのせて半分に折り、指で押さえて留める。

3　焼く
フライパンにサラダ油大さじ1/2を強めの中火で熱し、**2**の1/2量を入れる。すぐに熱湯1/2カップを注いでふたをし、水けがなくなるまで3分ほど蒸し焼きにする。ふたをとってサラダ油大さじ1を回しかけ、両面をパリッと焼く。残りも同様に焼く。器に盛り、タレの材料をまぜて添える。

Daily Recipe 020 フライパンひとつでOK!

ごはんにかけて食べても！
麻婆なす
マーボー

1人分 **285**kcal　調理時間 **15**分

中華の定番おかずといえば、やっぱりこれです。
ピリッと辛味をきかせたひき肉と、いためたなすが、絶妙のマッチング！

材料（4人分）
- 豚ひき肉 …………………… 200g
- なす ………………………… 5個
- 生しいたけ ………………… 4個
- しょうがのみじん切り …… 1かけ分
- にんにくのみじん切り …… 1かけ分
- 長ねぎのみじん切り ……… 10cm分
- サラダ油 …………………… 大さじ3.5
- 豆板醤 ……………………… 小さじ½
- 赤みそ ……………………… 大さじ1
- 調味用
  - 水 ………………………… 1¼カップ
  - 鶏ガラスープのもと …… 小さじ¼
  - しょうゆ、酒 …………… 各大さじ2
  - 砂糖 ……………………… 小さじ2
  - 塩、こしょう …………… 各少々
- かたくり粉 ………………… 大さじ1⅓
- 酢、ごま油 ………………… 各小さじ1

1 下ごしらえをする
しいたけは軸を落として7〜8mm角に切る。なすはへたを落として長さを半分に切り、縦二〜四つ割りにする。

2 なすをいためる
フライパンにサラダ油大さじ3を強めの中火で熱し、なすを入れていためる。しんなりとしたらとり出し、油をきる。

3 他の材料をいためる
2のフライパンにサラダ油大さじ½を足して、中火で熱し、ひき肉を入れていためる。ひき肉の色が変わったら、しいたけ、しょうが、にんにく、長ねぎを加えてさっといため合わせ、豆板醤、赤みそを加えて手早くまぜる。

4 煮る
香りが立ったら、調味用の材料を加えて煮立て、2を加えて1分ほど煮る。かたくり粉を水大さじ3でといて加え、大きくまぜる。とろみがついたら火を止め、酢、ごま油を加えてさっとまぜる。

おすすめ献立メニュー
タンパク質素材をプラスして、バランスよく。葉野菜や海藻などを組み合わせるとヘルシー。
- レタスとわかめのスープ
  ≫ **77**ページ
- とうふとトマトのサラダ

材料（4人分）

- 合いびき肉　……………… 300g
- とき卵　…………………… 1個分
- 玉ねぎ　…………………… 1/2個
- スナップえんどう　……… 100g
- ミニトマト　……………… 12個
- 食パン(8枚切り)　………… 1枚
- 塩　………………………… 適量
- あらびき黒こしょう　…… 少々
- サラダ油　………………… 大さじ1/2
- 酒　………………………… 大さじ1
- ソース
  - ┌ トマトケチャップ　…… 大さじ2
  - └ 中濃ソース、酒　……… 各小さじ2

1　下ごしらえをする

玉ねぎはすりおろす。スナップえんどうはへたと筋をとり、塩少々を振る。ミニトマトはへたをとる。食パンは水にさっとくぐらせ、水けをしぼってこまかくほぐす。

Point
玉ねぎはみじん切りにしなくても、おろし器ですりおろせばOK。切る手間も、いためる必要もありません。

2　たねを作る

ボウルにひき肉、とき卵、玉ねぎ、食パン、塩小さじ1/2、あらびき黒こしょうを入れ、粘りが出るまでよくねりまぜて、直径20〜22cmの平たい円形にまとめる。

3　焼く

フライパンにサラダ油を強めの中火で熱し、**2**を入れて中火で3〜4分焼く。余分な脂をキッチンペーパーでふきとって裏返し、たねのまわりにスナップえんどう、ミニトマトを置いて酒を振る。弱火にしてふたをし、3〜4分蒸し焼きにして器に盛る。

4　ソースを作る

3のフライパンをキッチンペーパーでふいて、ソースの材料を入れ、まぜながら中火にかける。煮立ったら、ハンバーグにかける。

Daily Recipe 019　フライパンひとつでOK!

超ビッグサイズに大感激！
フライパンバーグ

1人分 **281**kcal　調理時間 **20**分

たねを作ったら、フライパンにドカンとのせてふっくら蒸し焼き。子どもも大喜びまちがいなし、の迫力のおいしさ！

ひき肉

おすすめ献立メニュー

サラダ、汁物をサブおかずにチョイス。サラダはポテトや根菜などでも。

- ちぎりキャベツの
  ツナカレーサラダ　》》**56**ページ
- かぼちゃの豆乳ポタージュ
  》》**76**ページ

おすすめ献立メニュー

いも類や緑黄色野菜のメニューをチョイス。いも類や緑黄色野菜を添えると栄養バランスも◎。
- せん切りじゃがいものナムル >> **61**ページ
- わけぎととうふのみそ汁

材料（4人分）
- 牛切り落とし肉……………250ｇ
- もやし………………………1袋
- 白菜キムチ…………………100ｇ
- 下味
  - 塩………………………少々
  - 酒………………………大さじ1
- ごま油………………………大さじ1.5
- 調味用
  - しょうゆ、みりん……各大さじ1
  - 塩………………………少々

1 下ごしらえをする
牛肉は大きなものは食べやすい大きさに切り、下味の材料をからめる。キムチは5mm幅に切る。

2 いためる
フライパンにごま油を強火で熱し、牛肉を入れていためる。牛肉の色が変わったら、もやしを加えて1分ほどいため合わせ、キムチを加えてさっといためる。

3 調味する
全体に油が回ったら調味用の材料を加え、手早くまぜる。

Daily Recipe 018 フライパンひとつでOK!

みんな大好き！人気のメニュー
牛肉ともやしのキムチいため

1人分 **211**kcal　調理時間 **5**分

安い、手早い、おいしいの三拍子そろった、とっておきのメニュー。
キムチは味をみながら、量をかげんすることをお忘れなく！

材料(4人分)
- 牛切り落とし肉　300g
- しめじ　大1パック(150g)
- 玉ねぎ　1個
- パセリ　適量
- 下味
  - 塩　小さじ½
  - こしょう　少々
- 小麦粉　大さじ2
- オリーブ油　大さじ1
- バター　大さじ1.5
- 白ワイン　大さじ4
- チキンコンソメ(あらく刻む)　½個
- 生クリーム、牛乳　各1カップ
- 塩、こしょう、薄口しょうゆ　各少々

クリーミーでリッチ！
牛肉ときのこの クリーム煮

Daily Recipe 017　フライパンひとつでOK！

1人分 **512**kcal　調理時間 **15**分

ひと口食べると、牛肉独特のうまみと生クリームの濃厚なおいしさが広がります。かくし味に薄口しょうゆを加えると、味がキリッ！

牛肉

1　下ごしらえをする
しめじは石づきを落とし、小房に分ける。玉ねぎは縦半分に切り、縦薄切りにする。牛肉は大きなものは食べやすい大きさに切り、下味の材料を振り、小麦粉をまぶす。

2　牛肉をいためる
フライパンにオリーブ油を中火で熱し、牛肉を入れていためる。牛肉の色が変わったら、とり出す。

3　野菜をいためる
フライパンにバターを中火でとかし、玉ねぎを入れていためる。しんなりとしたら弱めの中火にし、しめじを加えてさっといため合わせ、2、白ワイン、チキンコンソメを加えてまぜる。

4　調味する
汁けがとんだら、生クリーム、牛乳を加えてまぜ、塩、こしょう、薄口しょうゆを加えてひと煮する。器に盛り、パセリをあらくちぎって散らす。

Point
生クリーム、牛乳の順に加え、再び煮立ちそうになったら、調味料で味をととのえます。

おすすめ献立メニュー
こっくりとした味わいなので、さっぱりとした緑黄色野菜のサラダをプラス。
- にんじんのシンプルサラダ　>> 58ページ

Daily Recipe 016 フライパンひとつでOK!

新しいおいしさ発見！
牛肉、長いも、にんじんのみそいため

1人分 **269**kcal　調理時間 **10**分

素材のチョイス、調味料の合わせワザで、こんなおいしい、いため物ができました！
サクサクの長いも、香ばしいみその風味が絶品！

材料（4人分）
- 牛切り落とし肉 …………… 250g
- 長いも ……………… 15cm（300〜350g）
- にんじん ……………………… 小1本
- 下味
  - 酒、しょうゆ ……… 各大さじ½
- 調味用
  - 酒、みそ ………… 各大さじ2
  - 砂糖 ………………… 大さじ1
- サラダ油 ………………… 大さじ1.5
- いり白ごま、七味とうがらし
  ………………………… 各適量

1 下ごしらえをする
牛肉は大きなものは食べやすい大きさに切り、下味の材料をからめる。長いもは皮をむき、5cm長さ、7mm角の棒状に切る。にんじんは皮をむき、5cm長さ、5mm角の棒状に切る。ボウルに調味用の材料を入れ、よくまぜる。

2 いためる
フライパンにサラダ油を強火で熱し、牛肉を入れていためる。牛肉の色がほぼ変わったら、にんじんを加えて1分ほどいため合わせ、長いもを加えてさらに1分ほどいためる。

3 調味する
全体に油が回ったら、調味用の材料を加えて手早くからめ、器に盛って、ごま、七味とうがらしを振る。

おすすめ献立メニュー
みそ味を生かす、さっぱりとしたサブおかずを選んで。葉野菜などを意識してとり入れて。
- えのきだけ入りかき玉汁
  　>>**76**ページ
- ちぎりレタスと青じそのサラダ
  　>>**107**ページ

材料（4人分）
- 牛もも薄切り肉 ……… 8枚（320g）
- 万能ねぎ ……………………… 8本
- エリンギ ………… 大2本（100g）
- えのきだけ ………… 1袋（100g）
- 小麦粉 ……………………… 適量
- サラダ油 ………………… 大さじ1
- 調味用
  - ┌ 酒、しょうゆ、みりん
  - └ ………………… 各大さじ2

1 下ごしらえをする
万能ねぎは10～12cm長さに切る。エリンギは縦半分に切る。えのきだけは根元を落とす。

2 巻く
牛肉1枚に万能ねぎの1/8量、エリンギの1/4量をのせ、きっちりと巻く。残りも同様にする。牛肉1枚に万能ねぎの1/8量、えのきだけの1/4量をのせ、きっちりと巻く。残りも同様にする。

Point 牛肉を縦長に置いて具を手前にのせ、手で押さえながら、きつめに巻きます。

3 焼く
2に小麦粉を薄くまぶし、サラダ油を中火で熱したフライパンに、巻き終わりを下にして並べ入れる。ころがしながら全体を焼く。

4 調味する
牛肉の色が変わったら、調味用の材料を加えて煮立て、弱火にしてふたをし、2～3分蒸し煮にする。ふたをとって再び中火にし、フライパンを揺すりながら、煮からめる。食べやすく切って器に盛る。

おすすめ献立メニュー
照り焼き風の味なので、サブおかずは酸味のあるもの、やさしい味のものをチョイスして。
- ●ちぎりキャベツの
  ツナカレーサラダ >>56ページ
- ●いんげんとみょうがのみそ汁
  >>73ページ

牛肉

フライパン
ひとつで
OK！

2種のおいしさを楽しんで！
野菜の肉巻き照り焼き

1人分 **253**kcal　調理時間 **15**分

大人気の野菜の肉巻き。ここでは、エリンギと万能ねぎ、えのきと万能ねぎの2種を巻いて、おいしさ2倍に！ 甘辛味を照りよくからめて！

おすすめ献立メニュー

牛肉のおいしさを引き立てる、シンプルなサブおかずがおすすめ。野菜をたっぷり添えて。
- かぼちゃの豆乳ポタージュ >>**76**ページ
- セロリとにんじんのレンジピクルス >>**104**ページ

材料（4人分）
牛もも（赤身）かたまり肉……400g
クレソン……1〜2束
下味
[オリーブ油………大さじ1
[はちみつ………大さじ½
塩………小さじ½
あらびき黒こしょう………少々
ソース
[しょうゆ、酒、黒酢（または酢）
[………各大さじ1

1 電子レンジで加熱する

耐熱皿に牛肉をのせて下味の材料を全体にからめ、ラップをかけずに電子レンジ「弱」(200W)で2分加熱する。塩、あらびき黒こしょうを振り、全体にまんべんなくからめる。ラップをかけずに「強」(500W)で4分加熱し、返してさらに2分加熱する。アルミホイルをかぶせ、10分ほどおく。

Point
牛肉は下味をからめたら、まず「弱」で2分加熱を。そうすると、牛肉が室温に戻った状態になります。そのあと、塩、こしょうを振って。

2 ソースを作る

なべに**1**の肉汁を入れ、中火にかける。煮立ったら、ソースの材料を加えてまぜ、ひと煮する。

3 仕上げる

1を食べやすく切って器に盛り、かたい根元を切ったクレソンを添える。**2**のソースをかけていただく。

Daily Recipe 014　電子レンジ＋なべで

目からうろこ、のメニュー
レンジでローストビーフ

1人分**255**kcal　調理時間**20**分

ちょっとハードルが高いローストビーフも、レンジで作れば超らくらく！
安い輸入肉でも、驚きのおいしさに仕上がります！

ごはんがすすみます！
牛肉とブロッコリーのオイスターソースいため

Daily Recipe 013 フライパンひとつでOK！

1人分 **216**kcal　調理時間 **15**分

いため物のレパートリーをふやしておくと、毎日のおかず作りにとても重宝。
ブロッコリーのかわりに、アスパラやいんげんでも、もちろんOK！

牛肉

材料（4人分）
- 牛切り落とし肉 …………… 250g
- ブロッコリー …… 1個（正味250g）
- 長ねぎ ………………………… 1本
- 下味
  - 水 ………………………… 大さじ1
  - しょうゆ、かたくり粉 …… 各小さじ1
- サラダ油 ……………………… 大さじ2
- 塩 ……………………………… 少々
- 調味用
  - オイスターソース、酒 …… 各大さじ1
  - 塩 ………………………… 少々
  - あらびき黒こしょう ……… 少々
- あらびき黒こしょう ………… 少々

1 下ごしらえをする
長ねぎは1cm幅の斜め切りにする。牛肉は下味の材料を順にからめる。

2 ブロッコリーを蒸しゆでにする
ブロッコリーは小房に分け、縦2〜3等分に切る。茎は厚めに皮をむき、乱切りにする。フライパンにサラダ油大さじ1を中火で熱し、ブロッコリーを入れてさっといためる。塩を振り、水大さじ3を加えてふたをし、1分〜1分30秒蒸しゆでにしてざるに上げ、水けをきる。

3 いためる
フライパンにサラダ油大さじ1を中火で熱し、長ねぎを入れて、少ししんなりとするまでいためる。強火にし、牛肉を加えていため合わせる。牛肉の色が変わったら、**2**を加えてさっといためる。

4 調味する
調味用の材料を加えて手早くからめ、器に盛って、あらびき黒こしょうを振る。

おすすめ献立メニュー
コクのあるいため物がメインのときは、さっぱり味のメニューをサブおかずに。
- くずしどうふのキムチのせ
  >> **111**ページ
- レタスとわかめのスープ
  >> **77**ページ

カラリ揚げたては最高！
鶏胸肉のカリッとフライ

1人分 **384**kcal　調理時間 **15**分

胸肉にフライ衣をつけて、カラリと揚げればでき上がり。
おいしい仕上げはみそを加えた、お手製ソース。止まらないおいしさ！

材料（4人分）
鶏胸肉……………………大1枚（300g）
サニーレタス………………2〜3枚
にんじん（縦四つ割りのもの）
……………………………………1/4本
とき卵………………………1個分
レモンのくし形切り…………適量
下味
　塩………………………小さじ1/3
　こしょう…………………少々
ソース
　長ねぎのみじん切り……大さじ2
　マヨネーズ………………大さじ3
　みそ………………………大さじ1/2
　牛乳………………………小さじ2
小麦粉、パン粉、揚げ油……各適量

1 下ごしらえをする

サニーレタスは食べやすい大きさにちぎる。にんじんは皮をむき、ピーラーなどで縦に細長い薄切りにする。合わせて冷水に5分ほどさらし、水けをふく。鶏肉は1cm厚さのそぎ切りにし、下味の材料を振る。とき卵は水大さじ1を加えてまぜる。ボウルにソースの材料を入れ、よくまぜる。

2 衣をつける

鶏肉に小麦粉を薄くまぶし、**1**のとき卵、パン粉の順に衣をつける。

3 揚げる

フライパンに揚げ油を3〜5mm深さまで入れ、170〜180度に熱する。**2**を入れて両面をカラッと揚げ、油をきって器に盛り、ソースをかける。サニーレタスとにんじん、レモンを添える。

おすすめ献立メニュー

つけ合わせが生野菜なので、煮物や汁物などの野菜メニューを添えて。
- きのこのめんつゆ煮
  >>**109**ページ
- 小松菜と油揚げのみそ汁

材料（4人分）

- 鶏もも肉 …………… 2枚（500g）
- 玉ねぎ ……………………… 1個
- にんにく …………………… 1かけ
- トマト缶 …………… 1缶（400g）
- ブロッコリー … 1個（正味250g）
- 下味
  - 塩 ……………………… 小さじ⅓
  - あらびき黒こしょう ……… 少々
- オリーブ油 ……………… 大さじ2
- スープ
  - 水 ………………………… ½カップ
  - チキンコンソメ …………… 1個
  - 酒 …………………………… 大さじ3
- 塩、あらびき黒こしょう … 各少々
- 調味用
  - オリーブ油 …………… 大さじ½
  - 塩 …………………………… 少々

1 下ごしらえをする

玉ねぎは縦四つ割りにして横薄切りにする。にんにくはみじん切りにする。トマト缶は缶汁ごとボウルに入れ、手であらくつぶす。鶏肉は余分な脂肪をとり除き、4等分に切って下味の材料を振る。

2 焼く

フライパンにオリーブ油を中火で熱し、鶏肉の皮の面を下にして、フライパンのまわりに置く。中央のあいたところに玉ねぎ、にんにくを入れていためる。鶏肉は焼き色がついたら裏返す。

Point
鶏肉を焼く、玉ねぎとにんにくをいためるの作業が同時にできて、時間も手間も短縮できます。

3 煮る

玉ねぎがしんなりとしたら、スープの材料、トマトを加えて全体をまぜる。煮立ったら、弱火にしてふたをし、12〜15分煮る。塩、あらびき黒こしょうを加えて味をととのえる。

4 ブロッコリーを加熱する

ブロッコリーは小房に分け、大きいものは縦2〜3等分に切る。茎は厚めに皮をむき、乱切りにする。さっと水洗いして耐熱ボウルに入れ、調味用の材料を加えてからめる。ラップをふんわりとかけ、電子レンジで5分加熱する。器に3を盛り、ブロッコリーを添える。

おもてなしにもおすすめ！
チキンと玉ねぎのトマト煮

1人分 **397** kcal　調理時間 **25**分

もも肉2枚、玉ねぎ1個、トマト缶1個をド〜ンと使いきり！トマト缶のほどよい酸味と甘みが鶏肉にじんわりしみて、おいしい！

Daily Recipe 011
フライパン＋電子レンジで

鶏肉

おすすめ献立メニュー

サブおかずには、歯ごたえのよいサラダやいも類のメニューを添えてバランスよく。
- じゃがいもの明太マヨかけ
  >> 104ページ

おすすめ献立メニュー

野菜が少なめなので、サブおかずには煮物、サラダなどを添えて量をたっぷりと。
- かぶとベーコンのカレー煮 >>63ページ
- にんじんのシンプルサラダ >>58ページ

材料（4人分）

鶏胸肉	大1枚（300g）
さやいんげん	200g
ピザ用チーズ	60g
さやいんげん用下味	
┌ 塩	少々
└ サラダ油	大さじ½
鶏肉用下味	
┌ 塩	小さじ⅓
└ こしょう	少々
小麦粉	適量
サラダ油	大さじ1
ソース	
┌ トマトケチャップ	大さじ2
└ 粒マスタード	小さじ1

1 下ごしらえをする

いんげんはへたを落として長さを半分に切り、下味の材料をからめる。鶏肉は8mm厚さのそぎ切りにし、下味の材料を振る。

2 いんげんを焼く

フライパンを弱火で熱し、いんげんを入れてふたをし、3分ほど蒸し焼きにしてとり出す。

3 鶏肉を焼く

鶏肉の汁けをふき、小麦粉を薄くまぶす。2のフライパンにサラダ油を中火で熱し、鶏肉を入れて1分ほど焼く。焼き色がついたら裏返し、弱火にしてソースの材料をまぜてから等分に塗り、ピザ用チーズを等分にのせる。ふたをして2分ほど蒸し焼きにし、器に盛って2を添える。

Daily Recipe 010　フライパンひとつでOK!

アツアツチーズがとろ〜り！

鶏胸肉の ケチャップチーズソテー

1人分 **275**kcal　調理時間 **15**分

さっぱり淡泊な鶏胸肉をおいしく食べる、とっておきのレシピをご紹介。
ケチャップ＋粒マスタードを塗って、チーズをのせてふっくら蒸し焼き！

ラー油、黒こしょうでピリリ！
手羽先のごまたっぷり甘辛がらめ

1人分 **309**kcal　調理時間 **15**分

近ごろ大ブームの名古屋風の揚げ手羽先。おうちで手軽に作れるように、おいしくアレンジしました。ごはんにも、ビールにも！

鶏肉

材料（4人分）
- 鶏手羽先 …………… 12本
- きゅうり …………… 2〜3本
- 甘辛ダレ
  - いり白ごま ……… 大さじ2
  - しょうゆ ………… 大さじ3
  - 砂糖 ……………… 大さじ1
  - ラー油、あらびき黒こしょう
    　　　　　　　　　各少々
- 揚げ油 ……………… 適量

1 下ごしらえをする
きゅうりは長さを半分に切り、縦四つ割りにする。手羽先は関節に包丁を入れて、先端を切り落とす。皮の面を下にしてまないたに置き、骨に沿って浅い切り目を入れる。ボウルに甘辛ダレの材料を入れてよくまぜる。

2 揚げる
フライパンに揚げ油を165〜170度に熱して手羽先を入れ、ときどき上下を返しながら6〜7分揚げる。カラリとしたら油をきる。

3 からめる
2を甘辛ダレのボウルに加えてよくからめ、器に盛ってきゅうりを添える。

Point
手羽先が熱いうちにタレに加えると、味のなじみがグンとアップします。

おすすめ献立メニュー
甘辛いしっかり味なので、サブおかずには薄味のものを。緑黄色野菜を必ず添えて。
- いんげんとみょうがのみそ汁 >>73ページ
- チンゲンサイとエリンギのにんにくいため >>68ページ

Daily Recipe 008 フライパンひとつでOK!

骨つきチキンの実力を発揮!

鶏ぶつ切り肉と根菜の筑前煮

1人分 **295**kcal　調理時間 **25**分

骨つきの鶏肉を使うと、骨からのうまみも出て、こっくりとしたおいしさに仕上がります。照りよく、おいしく煮からめて、どうぞ!

材料(4人分)
骨つき鶏ももぶつ切り肉 …… 400g
れんこん ………… 小2節(正味300g)
にんじん ……………………… 1本
サラダ油 ………………… 大さじ1.5
だし …………………… 1¼カップ
調味用
　酒、しょうゆ …… 各大さじ2.5
　砂糖、みりん … 各大さじ1〜1強

1　下ごしらえをする

れんこんは皮をむき、一口大の乱切りにして酢水(分量外)に5分ほどさらし、水けをふく。にんじんは皮をむき、一口大の乱切りにする。鶏肉は熱湯で1分ほどゆでて水にとって洗い、水けをふく。

2　いためる

フライパンにサラダ油を強めの中火で熱し、鶏肉を入れて表面を焼く。焼き色がついたら、れんこん、にんじんを加えていため合わせ、全体に油が回ったらだしを加える。

3　煮る

煮立ったら中火にし、アクをとって調味用の材料を加え、ふたをして15分ほど煮る。ふたをとり、フライパンを揺すりながら、汁けがほぼなくなるまで手早く煮からめる。

おすすめ献立メニュー

しっかり味の煮物には、さっぱりとした味のものを選んで。葉野菜などを積極的に。

●かぶと油揚げのみそ汁
　≫73ページ
●ちぎりレタスと青じそのサラダ
　≫107ページ

材料（4人分）

- 鶏もも肉　………　小2枚（400g）
- レタス　……………………　3〜4枚
- 長ねぎ　………………………　½本
- 下味
  - ┌ 塩　…………………　小さじ⅓
  - └ 酒　…………………　大さじ½
- かたくり粉、揚げ油　……　各適量
- タレ
  - ┌ しょうゆ　……………　大さじ2
  - │ 酢　…………………　大さじ1.5
  - └ 砂糖、ごま油　……　各小さじ1

1　下ごしらえをする

レタスは5〜6cm長さ、1cm幅に切る。長ねぎは縦四つ割りにして2mm幅に切る。鶏肉は余分な脂肪をとり除き、観音開きにして厚みを均一にする。下味の材料を振ってからめる。

Point
鶏肉は皮を下にして横長に置き、中央に切り目を厚みの半分まで入れ、そこから包丁をねかせて左右に切り込みを入れて開きます（観音開き）。

2　揚げる

鶏肉の汁けを軽くふき、かたくり粉をまぶす。フライパンに揚げ油を深さ2cmほど入れ、175〜180度に熱する。鶏肉を入れ、3分ほど揚げて返し、さらに2分ほど揚げて油をきる（一度に揚げられない場合は、2回に分けて揚げる）。あら熱がとれたら、食べやすい大きさに切る。

3　ねぎダレを作る

耐熱のボウルにタレの材料、長ねぎを入れてまぜ、ラップをかけずに電子レンジで1分加熱する。器にレタスを敷いて2をのせ、ねぎダレをかける。

おすすめ献立メニュー

タレが酢じょうゆ味なので、塩味や甘めの味のものがおすすめ。油控えめのものを選んで。
- かぼちゃの薄味煮　>> 65ページ
- ザーサイと白菜のスープ　>> 113ページ

鶏肉

Daily Recipe 007　フライパン＋電子レンジで

いつものから揚げにひと工夫！
鶏肉のから揚げ ねぎダレかけ

1人分 **301**kcal　調理時間 **15**分

鶏もも肉をそのままドーンと揚げて、迫力満点。
アツアツに、長ねぎたっぷりのタレをジュッ。ひと口食べると、幸せ気分いっぱい！

おすすめ献立メニュー

やさしい口当たりなので、サブおかずには歯ごたえのあるものがマッチ。根菜などを選んで。
- 大根とにんじんのサラダ
  >> **107**ページ
- ほうれんそうとえのきのみそ汁

材料（4人分）
- 豚肩ロース薄切り肉 ……… 300g
- 白菜 ………………… 小¼個（600g）
- 塩 ……………………………… 少々
- 酒 ……………………………… ⅓カップ
- にらダレ
  - にらのみじん切り … ¼束分（25g）
  - ポン酢しょうゆ（市販品）
    ……………………………… 大さじ4
  - いり白ごま ……………… 大さじ1
  - ごま油 …………………… 大さじ1

1 下ごしらえをする
白菜は長さを3等分に切り、縦2cm幅に切る。豚肉は長さを半分に切る。

2 蒸し煮にする
直径26cmのフライパンに白菜の芯、葉の順に並べ入れ、全体をおおうように豚肉を広げてのせる。塩を振って酒、水⅓カップを注ぎ、ふたをして強火にかける。煮立ったら弱火にし、8～10分蒸し煮にする。

3 にらダレを作る
ボウルににらダレの材料を入れてまぜ、**2**に添える。

Daily Recipe 006 フライパンひとつでOK！

フライパンにドカン！と作って
豚肉と白菜の重ね蒸し煮

1人分 **279**kcal　調理時間 **15**分

フライパンに白菜、豚肉の順に重ねて酒を振って蒸し煮にすれば、完成！
にらたっぷりの特製ダレが、これまたよく合う！

材料（4人分）

- 豚切り落とし肉 …………… 300g
- グリーンアスパラガス … 1束(6本)
- なす …………………………… 2個
- 下味
  - 酒、しょうゆ ……… 各大さじ1
  - カレー粉 ………………小さじ½
- 衣
  - 天ぷら粉(市販品) …… ⅗カップ
  - かたくり粉、ごま油 …各大さじ1
  - 水 ………………… 約½カップ
- 揚げ油、塩 ……………… 各適量

冷めてもおいしいカレー味！

豚薄切り肉の カレー風味天ぷら

1人分 **431**kcal　調理時間 **15**分

豚肉にカレーじょうゆをからめて、一口サイズにまとめてカラリ。
ふんわり、サクサクの食感とスパイシーな風味がたまらない！

豚肉

Daily Recipe 005　フライパンひとつでOK！

1　下ごしらえをする

ボウルに下味の材料を入れてまぜ、豚肉を加えてよくからめる。アスパラガスは根元のかたい部分を落とし、根元から5～6cmくらいのところまで皮をむいて、長さを半分に切る。なすはへたを落とし、長さを半分に切って縦四つ割りにする。

2　衣を豚肉にまぜる

1とは別のボウルに衣の材料を入れてまぜる。1のボウルに加えてまぜる。

Point
衣がだまにならないように、なめらかになるまでよくまぜてから、豚肉に加えて。

3　野菜を揚げる

フライパンに揚げ油を170度に熱し、なすを入れて色よく揚げ、油をきって塩少々を振る。アスパラガスも同様に揚げ、塩少々を振る。いったん火を止める。

4　豚肉を揚げる

2をまとめて食べやすい大きさにまとめる。3の揚げ油を再び170度に熱して豚肉を入れ、カラリと揚げて油をきる。器に盛り、3を添える。

おすすめ献立メニュー

揚げ物のときは、油を使わないものをサブおかずに選んでさっぱりと。
- 水菜と厚揚げの煮びたし　>>64ページ
- 玉ねぎとわかめのみそ汁

Daily Recipe 004 電子レンジだけで作れる！

下味をからめて、レンジでチン！
みそチャーシューの野菜巻き

1人分 **336**kcal　調理時間 **15**分　＊あら熱をとる時間は除く。

本格かたまり肉メニューも電子レンジで、らくらく調理。
みそ＋はちみつの下味をからめてチン！するだけ。野菜に巻いて、パクリとどうぞ！

材料（4人分）
豚肩ロースかたまり肉‥200g×2枚
きゅうり………………………1本
長ねぎ…………………………10cm
サニーレタス…………………適量
下味
　みそ………………………大さじ3
　はちみつ…………………大さじ2
　酒…………………………大さじ1
　ごま油……………………大さじ½

1　電子レンジで加熱する
ボウルに下味の材料を入れ、よくまぜる。豚肉は菜箸などで表面を数カ所刺す。耐熱皿に豚肉をのせて下味をかけ、全体にからめて電子レンジで6分加熱する。上下を返してさらに6分加熱し、あら熱をとる。

Point
豚肉の表面がカリッと仕上がるように、ラップをかけずにそのまま加熱するのがポイントです。

2　野菜を切る
きゅうりは斜め薄切りにしてから、縦にせん切りにする。長ねぎは長さを半分に切り、せん切りにする。サニーレタスは食べやすい大きさにちぎる。

3　仕上げる
1は食べやすい大きさに切って器に盛り、残った調味料をかけて**2**を添える。

おすすめ献立メニュー
あえ物やスープを添えて、野菜をたっぷりと。特に緑黄色野菜をとるように心がけて。
● アスパラとエリンギの焼きびたし ≫ **58**ページ
● 野菜たっぷりスープ ≫ **77**ページ

材料（4人分）

- 豚切り落とし肉 …………… 250g
- 大根 …………… ½本（550〜600g）
- 大根の葉 …………… 適量
- ごま油 …………… 大さじ2
- 調味用
  - オイスターソース …… 小さじ2
  - 酒、しょうゆ …… 各大さじ2
  - 砂糖 …………… 大さじ1.5

1 下ごしらえをする

大根は皮をむいて縦半分に切り、細長い乱切りにする。大根の葉は2cm幅に切る。

Point 大根を回しながら包丁を斜めに入れて切ると、味がしみ込みやすくなります。

2 いためる

フライパンにごま油を強火で熱し、豚肉を入れていためる。豚肉の色が変わったら、大根を加えていため合わせ、大根の表面が透き通ってきたら、水1.5カップを加える。

3 煮る

煮立ったら、中火にしてアクをとり、調味用の材料を加えてまぜる。ふたをして12分ほど煮、大根の葉を加えて、さらに2〜3分煮る。ふたをとって強火にし、汁がほぼなくなるまでいため煮にする。

おすすめ献立メニュー

しっかりとしたしょうゆ味には、酸味のきいたサブおかずで、味のバランスをとって。
- 玉ねぎとトマトのサラダ >> 57ページ
- わけぎ、キムチ、あさりのみそ汁 >> 72ページ

豚肉

Daily Recipe 003 フライパンひとつでOK!

豚肉＋大根だけで、作れる！

豚肉と大根のオイスターソース煮

1人分 **227**kcal　調理時間 **20**分

オイスターソース独特のコクと風味が、豚肉と大根にしみています。
ほろりと煮えた大根のしみじみとしたおいしさを、ぜひ味わって！

おすすめ献立メニュー

ボリューム満点なので、シンプルなサブおかずを。葉野菜や緑黄色野菜をたっぷりと。
- レタスとトマトの玉ねぎドレッシング >> **60**ページ
- とうふと絹さやのみそ汁

材料（4人分）
- 豚バラかたまり肉 …………… 400g
- じゃがいも …………… 4〜5個
- 玉ねぎ …………… 1個
- だし …………… 1.5カップ
- 砂糖 …………… 大さじ2
- 酒 …………… 大さじ3
- しょうゆ …………… 大さじ3

1 下ごしらえをする
じゃがいもは皮をむいて半分に切り、水に5分ほどさらして水けをきる。玉ねぎは縦八つ割りのくし形切りにする。豚肉は1cm厚さに切る。

2 いためる
フライパンを中火で熱し、豚肉を入れて余分な脂をキッチンペーパーでふきとりながら、両面を焼く。こんがりとしたら強火にし、じゃがいもを加えていため合わせる。じゃがいもが透き通ったら、だしを加える。

3 煮る
煮立ったら、弱めの中火にしてアクをとり、砂糖、酒を加えてふたをし、10分ほど煮る。玉ねぎ、しょうゆを加えてまぜ、弱火にして同様に8〜10分煮る。

Daily Recipe 002　フライパンひとつでOK!

ボリュームもおいしさも満点！
豚バラ肉じゃが
1人分 **526**kcal　調理時間 **30**分

かたまりの豚バラ肉を大ぶりに切って、ダイナミックなおいしさに。ホクホクに煮えたじゃがいもにも豚肉のうまみがしみて、たまらない！

にんにく＋しょうがのダブルパワー！
豚肉のにんにくしょうが焼き

1人分 **381**kcal　調理時間 **10**分

みんなに大人気のしょうが焼き。にんにくの風味もプラスして、パンチのある味に仕上げました。甘辛しっかり味がごはんによく合う！

豚肉

材料（4人分）
- 豚薄切り肉（しょうが焼き用）……… 8～12枚（400g）
- キャベツ……………………… 4枚
- ミニトマト…………………… 12個
- おろししょうが……………… 1かけ分
- 下味
  - おろしにんにく…………… 1かけ分
  - 酒、しょうゆ……………… 各大さじ2.5
  - 砂糖………………………… 大さじ½
- サラダ油……………………… 大さじ1
- マヨネーズ…………………… 適量

1 下ごしらえをする
キャベツは食べやすい大きさにちぎる。豚肉は筋を切る。バットに下味の材料を入れてまぜ、豚肉を加えてからめ、汁けをきる。残った下味はとっておく。

2 焼く
フライパンにサラダ油大さじ½を強火で熱し、豚肉の半量を重ならないように並べ、両面を色よく焼く。キッチンペーパーでフライパンをふき、残りの豚肉も同様に焼いてとり出す。

3 煮からめる
2のフライパンに1の下味、しょうがを入れて中火で煮立て、2の全量を戻し入れて手早く煮からめる。器に盛ってキャベツ、ミニトマトを添え、マヨネーズをのせる。

おすすめ献立メニュー
こってり味なので、すっきり酸味をきかせたサブおかずをチョイスして。
- セロリとグレープフルーツの酢の物 >>**60**ページ
- いんげんとみょうがのみそ汁 >>**73**ページ

part 1

身近な素材でチャチャッと作れる！

素材別らくらくメインおかず

肉じゃが、鶏肉のから揚げ、ギョーザ、竜田揚げに、オムレツ。みんなが大好きで、いつも食べたくなるメニューが、バ、バンと登場します！　どれも手早く、おいしく作れる、アイディア満載のテクニックがいっぱい！　素材別で紹介しているので、冷蔵庫にあるものと相談しながら作ってみて。

一品で完結！ボリュームもバランスも抜群！
ドカン！とごはん＆めんメニュー part 3

ごはん
- フライパンパエリア …… 80
- そぼろとたっぷり野菜のビビンバ …… 81
- コーン入りドライカレー …… 82
- ツナととうふの冷や汁かけごはん …… 83
- 半熟卵のっけ牛丼 …… 83
- ふんわり卵のっけオムライス …… 84
- ひき肉と根菜のいためまぜごはん …… 85
- トマトジュースリゾット …… 85
- 鮭といり卵の簡単まぜずし …… 86
- ねぎとろ丼 …… 87
- ガーリックポークソテー丼 …… 87
- シーフードミックスの中華丼 …… 88
- 鶏そぼろ親子丼 …… 89
- 焼き豚、卵、長ねぎのチャーハン …… 89
- 三目炊き込みごはん …… 90
- えびのケチャップライスドリア …… 91
- タコライス …… 91

めん
- ソーセージとキャベツのクリームスパゲッティ …… 92
- 懐かし味のナポリタン …… 93
- ポテトとブロッコリーのたらこスパゲッティ …… 94
- 具だくさんミネストローネ …… 95
- 豚肉とにらのカレーいためそうめん …… 95
- 豚肉、玉ねぎ、しいたけ入りカレーうどん …… 96
- ちくわと小松菜の焼きうどん …… 97
- 焼き油揚げのっけぶっかけうどん …… 97
- 温泉卵のっけすき焼き風うどん …… 98
- せん切り大根まぜ冷やし納豆そば …… 99
- ひき肉と高菜の塩焼きそば …… 99
- ちゃんぽん風ラーメン …… 100
- ピリ辛焼き豚のせみそラーメン …… 101
- 牛肉とセロリのオイスターソース焼きそば …… 101

今泉さんおすすめ！即できワザ 活用レシピ集

電子レンジワザ
- じゃこと梅じそのふりかけ …… 102
- 大根の葉と粉チーズのふりかけ …… 103
- 肉みそぼろ …… 103
- たらこ入りいり卵 …… 103
- じゃがいもの塩辛オリーブ油かけ …… 104
- じゃがいもの明太マヨかけ …… 104
- セロリとにんじんのレンジピクルス …… 104
- 切り干し大根の甘酢あえ …… 105
- ひじきとピーマンのレンジ煮 …… 105

包丁いらずワザ
- 厚揚げとキャベツのみそいため …… 106
- たたき長いものりのつくだ煮あえ …… 106
- 大根とにんじんのサラダ …… 107
- ちぎりレタスと青じそのサラダ …… 107
- エリンギとベーコンのにんにくいため …… 107

市販のタレをフル活用ワザ
- こんにゃくとにんじんのめんつゆ煮 …… 108
- ツナと水菜のポン酢マヨあえ …… 108
- 大豆と牛ひき肉の焼き肉のタレ煮 …… 108
- 豚バラともやしのポン酢いため …… 109
- きのこのめんつゆ煮 …… 109

うまみ素材を使って、味つけラクチンワザ
- かじきの梅みそマヨ焼き …… 110
- 桜えび、長ねぎ、卵のチャーハン …… 110
- 鶏肉とじゃがいものキムチいため …… 111
- くずしどうふのキムチのせ …… 111
- 桜えびと玉ねぎの塩いため …… 111
- いかの塩こんぶあえ …… 112
- たたききゅうりの梅おかかあえ …… 112
- トマトのザーサイあえ …… 112
- キャベツと玉ねぎの塩こんぶいため …… 113
- ザーサイと白菜のスープ …… 113

column

新鮮なうちに、おいしく保存 ●1
肉のおすすめ冷凍術
薄切り肉／鶏もも肉／ひき肉／ベーコン／ウインナソーセージ
- 豚こまぎれ肉ともやしのいため物 …… 32
- 鶏もも肉の黒酢ソテー …… 33

新鮮なうちに、おいしく保存 ●2
魚介のおすすめ冷凍術
まぐろの刺し身／鮭の切り身／あさりなど
- まぐろのごま焼き …… 44
- 鮭ともやしのチャンチャン焼き …… 45

新鮮なうちに、おいしく保存 ●3
大豆製品のおすすめ冷凍術
とうふ／油揚げ／納豆
- ゴーヤチャンプルー …… 52
- 油揚げとセロリのみそいため …… 53

この本の使い方
- 小さじ1は5mℓ、大さじ1は15mℓ、1カップは200mℓです。
- 電子レンジの加熱時間は500Wのものを使用したときの目安です。600Wなら0.8倍で加熱してください。なお、機種によって多少異なることもありますので、様子を見ながらかげんしてください。
- レシピは、特に記していない場合以外は4人分です。2人分の場合は、材料を半分にして調理してください。
- part 1、3のコラム「おすすめ献立メニュー」は、献立作りのご参考に。ページ数が記してあるものは、この本の中で紹介しています。

CONTENTS

part 1
身近な素材でチャチャッと作れる！
素材別らくらくメインおかず

豚肉
- 豚肉のにんにくしょうが焼き …… 8
- 豚バラ肉じゃが …… 9
- 豚肉と大根のオイスターソース煮 …… 10
- みそチャーシューの野菜巻き …… 11
- 豚薄切り肉のカレー風味天ぷら …… 12
- 豚肉と白菜の重ね蒸し煮 …… 13

鶏肉
- 鶏肉のから揚げ ねぎダレかけ …… 14
- 鶏ぶつ切り肉と根菜の筑前煮 …… 15
- 手羽先のごまたっぷり甘辛がらめ …… 16
- 鶏胸肉のケチャップチーズソテー …… 17
- チキンと玉ねぎのトマト煮 …… 18
- 鶏胸肉のカリッとフライ …… 19

牛肉
- 牛肉とブロッコリーのオイスターソースいため …… 20
- レンジでローストビーフ …… 21
- 野菜の肉巻き照り焼き …… 22
- 牛肉、長いも、にんじんのみそいため …… 23
- 牛肉ときのこのクリーム煮 …… 24
- 牛肉ともやしのキムチいため …… 25

ひき肉
- フライパンバーグ …… 26
- 麻婆なす …… 27
- 半月ギョーザ …… 28
- ひき肉とチンゲンサイのオイスターソース煮 …… 29
- レンジでミートローフ …… 30
- れんこん入り肉だんご …… 31

魚介
- たらのトマト煮 …… 34
- さばの竜田揚げ …… 35
- 焼き鮭の南蛮漬け …… 36
- あじのふんわりピカタ …… 37
- かじきのフライ タルタルソース …… 38
- いわしのソテー にんにくパン粉かけ …… 39
- えびとアスパラのマヨいため …… 40
- いかとセロリのしょうがいため …… 41
- たことキャベツのかき揚げ …… 42
- まぐろのたたき ゆずみそマヨソース …… 43

卵・とうふ
- 豚肉とキャベツのかに玉風 …… 46
- 卵、うなぎ、わけぎのいため物 …… 47
- ソーセージとポテトのオープンオムレツ …… 48
- ベーコンとピーマンのチャンプルー …… 49
- 厚揚げのカレー麻婆煮 …… 50
- とうふステーキ ひき肉あんかけ …… 51

part 2
もう一品というときに、サブおかずに！
野菜の簡単シンプルおかず

サラダ・あえ物
- ちぎりキャベツのツナカレーサラダ …… 56
- 玉ねぎとトマトのサラダ …… 57
- アスパラと鶏肉の明太マヨあえ …… 57
- きゅうりの梅みそあえ …… 57
- にんじんのシンプルサラダ …… 58
- アスパラとエリンギの焼きびたし …… 58
- スナップえんどうとパプリカの梅マヨあえ …… 59
- もやしとゆで豚のゆかりあえ …… 59
- セロリとグレープフルーツの酢の物 …… 60
- レタスとトマトの玉ねぎドレッシング …… 60
- せん切りじゃがいものナムル …… 61
- ほうれんそうのごまみそあえ …… 61

煮物
- 小松菜とさつま揚げのさっと煮 …… 62
- 玉ねぎとソーセージのコンソメ煮 …… 63
- さつまいものレモン煮 …… 63
- かぶとベーコンのカレー煮 …… 63
- ピーマン、しめじ、ひじきのいため煮 …… 64
- 水菜と厚揚げの煮びたし …… 64
- コーン、豚肉、おからの煮物 …… 65
- かぼちゃの薄味煮 …… 65
- チンゲンサイとかにかまのとろみ煮 …… 66
- じゃがいもとちくわのみそ煮 …… 66
- たたきれんこんのきんぴら …… 67
- ブロッコリー、長ねぎ、ハムのクリーム煮 …… 67

いため物
- チンゲンサイとエリンギのにんにくいため …… 68
- キャベツとしょうがのソースいため …… 69
- 水菜とじゃこのいため物 …… 69
- じゃがいも、にんにくの芽、牛肉のオイスターいため …… 69
- もやしのオイスターカレーいため …… 70
- なす、トマト、牛肉のさっぱりいため …… 70
- 厚揚げ入りホイコーロー …… 71
- 根菜と牛肉のごまみそいため …… 71

汁物
- わけぎ、キムチ、あさりのみそ汁 …… 72
- にらとしいたけのみそ汁 …… 73
- かぶと油揚げのみそ汁 …… 73
- いんげんとみょうがのみそ汁 …… 73
- 大根とザーサイのスープ …… 74
- えのきだけともずくのスープ …… 74
- ごぼうととうふの雷汁 …… 75
- とん汁 …… 75
- かぼちゃの豆乳ポタージュ …… 76
- えのきだけ入りかき玉汁 …… 76
- レタスとわかめのスープ …… 77
- 野菜たっぷりスープ …… 77

毎日「使える!」即できレシピ150

簡単だから失敗なし！　家族みんなにウケる味

今泉久美